UKULELE
PARA PRINCIPIANTES

*Una Introducción
Rápida y Fácil al Ukelele*

ACADEMIC MUSIC STUDIO

© Copyright 2019 por Academic Music Studio - Todos los derechos reservados.

Este documento está orientado a proporcionar información exacta y fiable con respecto al tema y la cuestión tratados. La publicación se vende con la idea de que el editor no está obligado a prestar servicios contables, oficialmente permitidos o calificados. Si el asesoramiento es necesario, legal o profesional, se debe ordenar a una persona ejercida en la profesión.

- De una Declaración de Principios que fue aceptada y aprobada por igual por un Comité de la Asociación Americana de Abogados y un Comité de Editores y Asociaciones.

En modo alguno es legal reproducir, duplicar o transmitir ninguna parte de este documento en medios electrónicos o en formato impreso. La grabación de esta publicación está estrictamente prohibida y no se permite ningún almacenamiento de este documento a menos que con permiso por escrito del editor. Todos los derechos reservados.

La información proporcionada en este documento se declara veraz y consistente, en el sentido de que cualquier responsabilidad, en términos de falta de atención o de otra manera, por cualquier uso o abuso de cualquier política, proceso o dirección contenida en el interior es la responsabilidad solitaria y absoluta de la lector de destinatarios. Bajo ninguna circunstancia se tendrá ninguna responsabilidad legal o culpa contra el editor por cualquier reparación, daño o pérdida monetaria debido a la información aquí contenida, ya sea directa o indirectamente.

Los autores respetuosos son propietarios de todos los derechos de autor no en poder del editor.

La información aquí contenida se ofrece únicamente con fines informativos y es universal. La presentación de la información es sin contrato ni ningún tipo de garantía.

Las marcas comerciales que se utilizan son sin ningún consentimiento, y la publicación de la marca es sin permiso o respaldo por el propietario de la marca. Todas las marcas comerciales y marcas de este libro son sólo para fines clarificadores y son propiedad de los propios propietarios, no están afiliados a este documento.

Table of Contents

Introducción 1

Capítulo 1: Historia Completa del Ukelele 3

Capítulo 2: Ukelele Como Principiante 30

Capítulo 3: Aprender a Tocar 51

Capítulo 4: Aprender Los Acordes de un Ukelele 72

Capítulo 5: Canciones Que Puedes Cantar con un Ukulele 91

Capítulo 6: Obtención de Experiencia Práctica 110

Capítulo 7: Ukelele: El Instrumento de Tus Sueños 128

Conclusión 134

Introducción

La música es algo en lo que todos disfrutarán participando. Ya sea que te enfrentes a la angustia o simplemente lo escuches en la ducha, la música siempre encenderá tu espíritu. El Ukelele es un instrumento musical que es divertido de tocar y define la forma en que ves la música. Sin embargo, hay una trampa.

A la mayoría de las personas les resulta difícil dar un paso cuando se trata de aprender algo nuevo, y esto es cierto cuando se trata de aprender el ukelele. Es por eso que este libro se centra en asegurarse de que está completamente listo para este viaje.

Algunas de las cosas, que se pueden esperar obtener de este libro, incluirán;

- Usted entenderá los muchos beneficios, que vienen de aprender a tocar el ukelele y por qué no debe tener miedo de probarlo

- También aprenderás a tocar varias canciones a través de la ayuda de la información de este libro.

- También aprenderálos varios acordes, que están involucrados en tocar el ukelele y los acordes particulares necesarios para las canciones

- ¿Interesado en obtener más experiencia y convertirse en un profesional? Este libro te ayudará a encontrar maneras de seguir mejorando y abrazando el mundo de tocar al ukelele.

El Ukelele es un pequeño instrumento que puede ser bastante entretenido entre amigos y familiares. Si usted está interesado en familiarizarse con el ukelele, entonces este libro debe ser su primera salida.

Así que sigue leyendo y diviértete. Recuerda, el ukelele se trata de divertirse.

Capítulo 1

Historia Completa del Ukelele

Ukelele

Ukelele Tiple

Cuatro Tres

Machete Leona

Charango Bandola

Octavina Cavaquinho

¿Qué tienen en común todos estos? Son miembros de la familia de instrumentos Guitar.

Todos sabemos los increíbles beneficios que la música aporta a nuestras vidas, desde mejorar nuestro estado de ánimo, reducir el estrés y la ansiedad obtenida de las actividades diarias, fortalecer nuestra cognición, aliviar el dolor y, lo más importante, proporcionar comodidad en varios momentos.

Adosamos la cabeza al sonido en fiestas, conciertos o incluso desde la comodidad de nuestras camas. Sea cual sea su forma, la gente de todo el mundo entiende la importancia de la música en sus vidas.

Así que para ese hermoso sonido que escuchas, hay una enorme posibilidad de que la guitarra tiene algo que ver con ella, y no es sólo la guitarra clásica a la que estás acostumbrado. Me refiero a toda la familia de guitarras de instrumentos - los instrumentos de cuerda arrancado.

En esta familia, tenemos los instrumentos mencionados anteriormente y muchos más, pero el instrumento que aprecio y voy a hablar es... rollos de tambor, por favor!

El Ukelele.

No, no viste eso.

El hermoso y sorprendente **Ukelele.**

¿Qué es un ukelele?

Como miembro de la familia de instrumentos de guitarra, el ukelele es un instrumento musical que tiene cuatro cuerdas, que pueden ser cuerdas de nylon o intestino. Algunas de estas cadenas pueden venir en una variedad de curso (las cadenas del curso son cadenas que se mantienen muy cerca unas de otras y se juegan en su mayoría juntas), lo que puede resultar en cinco, seis o incluso ocho cuerdas, pero no más de cuatro cursos.

¿Cómo es el Ukelele?

El Ukelele comparte muchas similitudes con la guitarra clásica, pero hay diferencias. La construcción típica de este instrumento se hace generalmente con madera, pero las variaciones modernas se construyen con plástico y otros materiales. Los ukeleles más baratos están construidos principalmente con madera contrachapada, mientras que los muy caros están hechos con maderas sólidas como la caoba. Sin embargo, la mayoría de los productores de ukelele prefieren utilizar acacia koa para hacer sus marcas.

Este instrumento se puede construir en varias formas. La forma convencional es con un cuerpo de figura de ocho, al igual que la guitarra acústica. Pero la mayoría de las empresas de producción comenzaron a ser creativas con sus diseños y comenzaron a construir el instrumento en formas ovaladas, cortadas, cuadradas, de pádel e incluso piña.

Las cuerdas son típicamente cuatro en número (con la excepción, por supuesto, las cuerdas, por supuesto), y son cuerdas intestinales, pero a medida que todo en el mundo evoluciona, las variaciones más recientes se hacen con polímero de nylon. Las cuerdas del curso dan al instrumento alrededor de seis a ocho cuerdas, y la belleza de la misma es que produce un mayor volumen de rasgueo. Los instrumentos de cuerda de curso se denominan ukuleles de taropatch o taropatches.

Hay diferentes tipos y tamaños de Ukuleles, pero los tipos comunes incluyen el barítono, tenor, concierto y soprano Ukuleles. Luego están los bajos y contrabajos. Tenga en cuenta que el volumen y el tono difieren con la construcción y el tamaño. La soprano Ukelele es la segunda más pequeña y fue creada en tamaño original, luego la del concierto que fue desarrollada después como una versión más sofisticada de la soprano, seguida por el tenor Ukelele y luego el barítono con sus propias características específicas.

La historia del ukelele

Cuando se menciona la palabra 'Ukelele', es muy difícil no pensar en Hawái y su hermoso paisaje y paisaje. Esto es posible porque la historia de este hermoso instrumento se remonta al siglo XIX, a la llegada del barco Ravenscrag en la isla de O'ahu en 1879. Este barco trajo a bordo a casi 400 tripulantes, pero sólo cuatro son escuchados hasta el día de hoy como los primeros fabricantes de ukelele- Joao Fernández, Augusto Dias, José do Espirito Santo y Manuel Núñez.

La mayoría de los inmigrantes fueron enviados a trabajar en plantaciones de caña de azúcar. Pero Joao Fernández usó su cavaquinho para llevar alegría a los nativos tocando una canción, conmocionándolos a bailar y hacer felices en su presencia. Ellos, a su vez, le dieron el nombre de 'Ukelele', que literalmente significa "salta" ('Uku' significa 'flea', 'lele' significa 'salto') debido a la forma en que sus manos corrían sobre el instrumento cuando tocaban. Otro significado de la palabra 'Ukelele' se traduce como "el don que vino a nosotros". Incluso después de que el barco Ravenscrag de las SS abandonó la isla, los testimonios continuaron rondando a los nativos, con incluso la Gaceta de *Hawái* informando que los inmigrantes vinieron a la isla y deleitó a la gente con sus canciones y trajo alegría con sus conciertos. Se cree que todo lo que sucedió durante ese período comenzó la historia del Ukelele.

Ahora te estarás preguntando, ¿qué pasó con los otros tres miembros de la tripulación conocidos?

Sigue leyendo...

Después de trabajar en la plantación durante tres años y con su contrato expirado, los otros tres miembros de la tripulación decidieron establecerse en Honolulu como carpinteros. Hicieron un montón de muebles y varios instrumentos musicales como los cavaquinhoes, guitarras, y los rajos (un instrumento de cinco cuerdas nativo del pueblo de Madeira). Con creatividad y evolución, deciden producir un instrumento híbrido - un instrumento con el diseño de un cavaquinho y sus cuatro cuerdas, pero con la afinación de un rajo, y el hermoso ukelele nació alrededor de 1886. Sin embargo, el pionero original de la idea entre los tres hombres todavía es desconocido hasta el día de hoy, aunque Manuel Núñez se atribuyó a sí mismo y dio varias presentaciones.

¿Cómo se convirtió entonces el ukelele en una parte integral de la cultura hawaiana?

Este instrumento fue promovido por el entonces rey de las islas hawaianas, el rey Kalkaua. Lo animó en varias reuniones y espectáculos reales. Y sabes lo que pasa cuando un rey decreta o populariza una cosa.... Todo el mundo sigue.

Entre los años sesenta y setenta, el Ukelele fue resucitado como símbolo de la cultura hawaiana, como destacados músicos y grupos como Herb Ohta, Hijos de Hawái y Peter Moon apoyando fuertemente el movimiento.

El uso de este instrumento creció rápidamente y se extendió a diferentes países. En Japón, Yukihiko Haida, nacido en Hawái, introdujo el Ukelele en Japón en 1929 después de su regreso al país tras la muerte de su padre. El y su hermano fundaron el club Moana Gee y vieron el amor y el entusiasmo por la música occidental aumentar tanto que incluso cuando las autoridades prohibieron la mayoría de la música occidental durante la Segunda Guerra Mundial, los fans siguieron tocándola a puerta cerrada hasta que se levantó la prohibición. En 1959, se formó la Asociación Nihon Ukelele.

En el Reino Unido, la fama y popularidad del Ukelele aumentó cuando varias celebridades lo tocaron dentro y fuera del aire. Estas celebridades incluyen el Premio Tony Tessie O'Shea y el comediante y cantante británico, George Formby, junto con las giras de la increíble Orquesta De Ukelele de Gran Bretaña. La demanda aumentó porque era simple, portátil y rentable también.

En los Estados Unidos, el ukelele se convirtió en un icono musical tan significativo que muchos productores instrumentales como *Regal, Martin* y *Harmony* comenzaron a producir ukuleles y banjuleles en grandes cantidades para satisfacer las demandas. Se atravesó en caminos de música country, ya que fue tocado por famosos cantantes de country y bandas como Ernest Stoneman,

Jimmy Rodgers, Hilltop Singers, Cowan Powers, y su banda, los Hillbillies, Walter Smith, y Friends, etc.

Desde finales de la década de 1940 hasta la década de 1960, se produjeron más de diez millones de ukuleles, aumentando así su popularidad y aparición en varios comerciales, programas de televisión y programas de radio. Incluso se informó que Mario Maccaferri, uno de los mayores fabricantes de plásticos del mundo y guitarrista clásico, creó más de 9 millones de ukuleles baratos durante ese período.

Después de esa época (la década de 1960), la popularidad del Ukelele comenzó a reducirse enormemente, hasta que el interés en el instrumento reapareció repentinamente debido a varios esfuerzos individuales y grupales. Más músicos incluyeron el instrumento en sus marcas. Las empresas de fabricación de instrumentos produjeron ukuleles no sólo en grandes cantidades, sino en varios diseños, colores y formas. Personas como Jim Beloff se esforzaron, para promover este increíble instrumento escribiendo varios libros de música ukelele y materiales de instrucción, incluyendo música clásica y moderna de ukelele.

El punto culminante del renacimiento de los 90 fue cuando el músico hawaiano más vendido de todos los tiempos -Israel Kamakawiwo'ole- popularizó el Ukelele en su famoso popurrí de 1993 de las canciones "What a Wonderful World" y "Over the Rainbow" que apareció en varios comerciales y películas. Incluso alcanzó el puesto número 12 en una de las listas de Billboard de enero de 2004. En los tiempos modernos, la creación de YouTube ha aumentado aún más la popularidad de este instrumento, ya que se han publicado muchos videos de representación de canciones de Ukelele, con algunos llegando a millones de espectadores.

En Canadá, la mayoría de los programas de música escolar cambiaron drásticamente en la década de 1960 cuando el músico y educador Chalmers Doane utilizó el Ukelele para aumentar el entusiasmo y mejorar la alfabetización musical en las escuelas. El Ukelele era una buena opción debido a su bajo costo y fácil practicidad. Más de 50.000 personas (adultos y niños) aprendieron a tocar ukelele en ese momento, y hasta el día de hoy, la versión revisada de este programa sigue siendo una parte integral de la educación musical canadiense.

Dato curioso:

¿Sabías que el Ukelele Kamaka, uno de los principales productores de ukelele del mundo, es un negocio de producción familiar situado en Hawái y fundado en 1916?

Ahora sí.

Festival Anual de Ukelele
¿Qué mejor lugar para organizar un festival anual de ukelele que su lugar de nacimiento?

El Festival de Ukulele es un evento anual que se celebra en Hawái cada julio, y fue fundado por Roy Sakuma. En 1970, fue un hombre de jardinera en el Departamento de Parque Waikiki. Nació con la idea de organizar un concierto de ukelele con sus colegas en el trabajo. Pero no dejó de soñar. Rakuma pasó a trabajar con el club internacional de ukelele de Hawái y su departamento para organizar el primer Festival de Ukelele en el Parque Kapiolani, O'ahu, en 1971.

La belleza de esta organización es que es sin fines de lucro. Su única misión es crear alegría y risas a través de Ukelele para todos, no sólo para los nativos hawaianos. No sólo organizan estos festivales gratuitos de ukelele, sino que también fomentan el interés por la cultura y las artes hawaianas al educar a las personas, proporcionar becas y aumentar el entusiasmo por el instrumento tanto a nivel local como internacional.

Este evento ha contado con muchos artistas, incluyendo Lyle Ritz, Troy Fernandez, James Hill, y el artista ganador del Grammy James Ingram.

Increíble, ¿no?

Beneficios de tocar al ukelele
Cuando usted está pensando en cosas para mejorar su salud, tocar el ukelele sin duda será la última cosa en su mente. Probablemente pensarás en cosas normales como un chequeo médico regular, rutinas de ejercicios, comer regularmente y saludable, y dormir lo suficiente por la noche, ¿verdad?

Bueno, todo esto es bueno, pero tu salud te lo agradecerá mucho más tarde si constantemente tocas el Ukelele de ahora en adelante.

Usted puede estar pensando, "¿Qué tiene que ver tocar al Ukelele con mi salud?"

¡Muchas cosas!

Los beneficios de tocar al Ukelele incluyen claridad mental, mejor interacción social, mejor lectura y comprensión, y una serie de otros.

¿Quieres saber más? Sigue leyendo:

1. **Alivia el estrés en todas las formas**

Nuestro mundo de hoy tiene que ver con el ajetreo y el bullicio. Todo el mundo está huyendo. Los padres, especialmente aquellos con niños pequeños, enfrentan el estrés de ser padres y manejar un trabajo. Los estudiantes enfrentan estrés académico y similares.

Siempre hay algo que hacer, un lugar al que ir, o algún evento para asistir, todos los días de la semana. Como resultado, el estrés y la ansiedad se han convertido en una parte integral de nuestras vidas, ya que es muy fácil dar por sentada nuestra salud y seguir trabajando sin escuchar los mensajes de nuestro cuerpo. Esto puede conducir invariablemente a varios efectos peligrosos como dolor de cabeza, depresión, malestar estomacal, insomnio, pecho, y dolor muscular, etc.

El principal problema con el estrés es que no sólo te afecta física sino mentalmente. Perderás la coordinación y la capacidad de pensar adecuadamente y tomar decisiones concretas.

Afortunadamente, tocar el ukelele puede ayudar a reducir drásticamente su nivel de estrés y evitar todos estos efectos peligrosos a través de su música relajante.

2. Ayuda a una postura adecuada

¿Recuerdas cuando te pidieron que te paraste correctamente cuando hicieras una presentación, o cuando tus padres te pidieron que te sentaras adecuadamente en la mesa de la cena?

¿Sí? Bien.

Te hicieron todo un mundo de bien.

La importancia de una buena postura no puede ser exagerada. Dado que la columna vertebral está conectada al cerebro, mantener una postura adecuada ayuda mucho a mejorar su salud mental, así como ayudarle a evitar defectos físicos como el encorvado a medida que envejece. Además, una mala postura también puede causar que usted experimente síntomas negativos de salud como mala circulación sanguínea, dolor, y dolor en varias partes de su cuerpo, mala digestión, Síndrome del túnel carpiano (un síndrome que tiene que ver con entumecimiento en la mano y el brazo), y aumento de LA ESTRELLA!

Entonces, ¿cómo ayuda el juego al ukelele a una postura adecuada? ¡Simple!

Tocar el ukelele (o instrumentos musicales, en general) entrena a tu cuerpo para mantener una buena postura, enseñándole a sentarse derecho si desea tocar bien el instrumento.

3. **Afina su audición**

¿Alguna vez has querido mejorar tus habilidades auditivas? Entonces tocar el Ukelele es el mejor lugar para empezar. Esto se debe a que, al tocar el instrumento, tiendes a entrenar tus oídos para aislar los sonidos a medida que se producen y distinguirlos en consecuencia de manera consistente. Con el tiempo, incluso los aficionados podrán diferenciar entre tonos y teclas.

Las investigaciones han demostrado que los músicos tienen la gran habilidad de elegir sonidos específicos incluso en ambientes ruidosos.

¿Puedes culparlos?

4. **Aumenta su capacidad de concentración**

Este es uno de los beneficios más importantes que probablemente nunca recibirá, especialmente si usted tiene TDAH. Es muy difícil concentrarse en estos días, y a muchas personas les resulta difícil concentrarse cuando hay tantas distracciones al acecho.

¿Estás en este zapato? ¿Tiene sin tener problemas para concentrarse en una tarea en particular? ¿Siempre estás iniciando una tarea pero nunca la ves hasta su finalización?

¡No te preocupes! Acabas de conocer a un salvavidas.

Tocar al Ukelele es una de las mejores maneras de combatir este problema. Esto se debe a que se necesita la máxima concentración al tocar este instrumento. Necesitas estar súper concentrado en notar el ritmo, el tono, el tempo, la calidad del sonido y la duración de la nota. Cualquier cosa que falte puede afectar a su producción de sonido.

Al desarrollar sus habilidades de concentración en instrumentos de juego, usted será capaz de centrarse en las cosas que importan en cada área de su vida.

5. Mejora tus habilidades matemáticas

Los beneficios de tocar al ukelele son alucinantes. Algunas personas ven las matemáticas como un monstruo numérico. Muchas personas se estremecen cuando piensan en estudiar matemáticas. Muchas personas ven a los matemáticos y científicos de datos como semidioses o seres humanos extraordinarios. Pero la verdad es que las matemáticas no son tan difíciles como presumes, y tocar al Ukelele puede ayudarte a superar ese miedo.

Tal vez te preguntes cómo. Relajarse.

Cuando aprendas a tocar el Ukelele, se te pedirá que aprendas música. Esto incluye no sólo notas y ritmos, sino también teoría musical, y esto tiene algunos aspectos matemáticos en ella. Así que al entender la teoría musical, usted será capaz de entender las teorías matemáticas y conceptos enseñados en la escuela.

¿No es increíble?

Las investigaciones incluso han demostrado que las personas que con frecuencia tocan instrumentos musicales tienden a hacerlo mejor en la escuela que las que no lo hacen.

Si esto por sí solo no es razón suficiente, no sé qué es.

6. **Mejora la coordinación corporal**

Tocar el ukelele mejora en gran medida la coordinación entre diferentes partes de su cuerpo.

¿Cómo? Puede preguntar.

Si nos fijamos en las cuerdas del ukelele, son muy finas y lisas. Así que tienes que prestar atención a los que estás eligiendo si quieres tocar la nota correcta. Detrás de este acto, hay un intercambio de información constante en marcha. El cerebro recibe señales y envía un mensaje a la yema del dedo, diciéndole qué tocar continuamente. ¡Y este intercambio ocurre muy rápido!

Esto es útil porque tendrá que leer música y reproducirla al mismo tiempo. Los dedos necesitan responder rápidamente a la señal que recibe del cerebro.

La mejora de la coordinación corporal puede ayudar a las personas en varios aspectos de sus vidas. La mejora de la coordinación mano a ojo ayuda a las personas en el deporte, ya que prácticamente todos los deportes lo requieren. La mejora de la coordinación corporal también reduce el riesgo de lesiones y dolor lumbar, y mejora la postura adecuada.

7. Aumenta su sentido del logro

Todos queremos un sentido de logro y satisfacción en nuestras vidas. Es por eso que seguimos yendo a la escuela, embolsando esos títulos, consiguiendo esos trabajos y logrando esos objetivos. Disfrutamos de las palmadas que tenemos sobre nuestras espaldas por un trabajo bien hecho, y los elogios fueron cantados para nosotros. Y eso no tiene nada de malo. Esa es nuestra naturaleza. Así es como estamos conectados.

Una de las mejores maneras de sentir ese sentido de logro es dominando una nueva habilidad. Cuando inviertes tiempo y esfuerzo en aprender algo nuevo, aumenta tu autoconfianza y mejora tu autoestima, lo que puede mejorar invariablemente otros aspectos de tu vida. Así que al aprender a tocar el Ukelele, incluso si es lo único que aprendes en un año, sentirás una sensación de logro y verás el progreso en tu vida, no importa lo pequeño que sea.

¿No es interesante que los beneficios de tocar al Ukelele no sólo sean físicos y mentales, sino también emocionales?

Wow.

8. Mejora las habilidades sociales

Esto se relaciona estrechamente con el sentimiento de logro. Siempre queremos sentirnos bienvenidos entre nuestros compañeros. Queremos experimentar la calidez que viene con la existente entre nuestros seres queridos. Y eso también está bien.

El arte de mejorar nuestras habilidades sociales es algo que necesita ser aprendido por todos, jóvenes y viejos por igual. A través de él, usted será capaz de ganar nuevos amigos, crear relaciones más fuertes, conectar con personas de mentes similares, y embarcarse en nuevas aventuras. Cuando ganes interés y aprendas a tocar el Ukelele, te atraerás a personas con intereses similares. A continuación, comenzará a asistir a conciertos, giras y convenciones sobre el tema. Nunca sabes lo que podrías aprender o, lo que es más importante, con quién conocerás. Puede terminar convirtiéndose en uno de los músicos de ukelele de renombre del mundo, crear una banda de música, o incluso unirse a una orquesta. Ningún gran músico ukelele nació así. Se necesita tiempo y esfuerzo constante. Además, recuerda que rodearte de personas con una mentalidad positiva y perspectiva de la vida es una gran manera de mejorar tu bienestar. ¡El cielo es sólo tu punto de partida!

9. Es una forma de ejercicio

¿Qué tiene que ver sentarse para tocar el Ukelele con el ejercicio? Estoy confundido.

Relajarse.

Tu visión de hacer ejercicio es simplemente correr en pistas, hacer entrenamientos cardiovasculares y sudar profusamente, ¿verdad?

Bueno, tienes razón. Pero al tocar el ukelele, o incluso instrumentos generalmente como la guitarra o el piano, se requiere mantener una postura adecuada, fortaleciendo así los músculos del brazo y la espalda. ¿No es una forma de ejercicio?

Aha. Lo ves ahora.

También hay otros beneficios de mantener posturas adecuadas, como menos tensión en el cuello y los hombros, reducción de la fatiga y el estrés, aumento del nivel de energía, menor riesgo de desgaste anormal, ayuda a la digestión adecuada y la circulación sanguínea, menos dolor, menos dolores de cabeza, aumenta la confianza en sí mismo y debido a la posición de su cuerpo, aparecerá más alto.

10. Fortalece la función inmune

¿Qué? Me estás matando. ¿Qué tiene que ver tocar al Ukelele con mi sistema inmunológico?

Relajarse. Inhala y exhala.

Aunque esto puede sonar loco, y no hay mucha investigación al respecto actualmente, ha habido una gran cantidad de evidencia que muestra que tocar un instrumento musical puede aumentar profundamente su función inmune.

¿Cómo?

¿Recuerdas cuando afirmamos que tocar el Ukelele reduce nuestros niveles de estrés? Empieza a partir de ahí. Cuando estamos estresados, nuestro corazón tiende a latir más rápido, lo que le dice al sistema inmunológico que hay algo mal. Nuestro cuerpo entonces se pone tenso. Pero cuando nuestros niveles de estrés son bajos, nuestro sistema inmunológico se fortalece.

La otra teoría explica que nuestro sistema inmunológico se fortalece como resultado de nuestra creatividad mejorada. Cuando tocamos y escuchamos música, nuestro sistema inmunológico se fortalece. Sin embargo, ¡es un ganar-ganar para todos nosotros!

11. Mejora la función cerebral y el rendimiento mental

¡No hay ninguna duda sobre esto! Nuestro cerebro controla cada función que llevamos a cabo, y cada acción que tomamos, y como cualquier otra parte de nuestro cuerpo, necesita ser ejercitada y fortalecida regularmente para mejorar la eficiencia. Es por eso que la mayoría de los expertos en cerebros animan a las personas a aprender nuevas habilidades, tomar nuevos programas, o resolver acertijos y rompecabezas para fortalecer el cerebro.

Cuando aprendemos una nueva habilidad, que en este caso está jugando el Ukelele, el cerebro lo equipara a como entrenar para un maratón. Ejerces continuamente los músculos del cerebro, aumentando así su eficiencia.

¿No te va a encantar eso?

Las investigaciones incluso han demostrado que los músicos son menos propensos a desarrollar problemas mentales o de memoria, o incluso enfermedades como la enfermedad de Alzheimer o la demencia. Y si miras a todos los músicos veteranos que admiraste, sabrás que es verdad.

12. Es altamente terapéutico

La música tiene sus efectos curativos. ¡No hay duda de eso! Cantar y tocar instrumentos puede ser un largo camino en la mejora de su estado de ánimo. Las investigaciones han demostrado que cada vez que tocamos o escuchamos música, nuestro cerebro libera un producto químico de placer conocido como 'dopamina', que ayuda a aumentar nuestro estado de ánimo. Esto significa invariablemente que somos más capaces de combatir la depresión, reducir el estrés y dormir mejor. Actúa como una salida positiva para los sentimientos negativos.

Además, también tienes la oportunidad de hacer felices a otras personas cuando juegas para ellos. Saber que estás aumentando el estado de ánimo de otras personas, y poner sonrisas en sus rostros es suficiente para mantenerte feliz.

13. Mejora su habilidad de lecturas

Esto está estrechamente relacionado con la mejora de su capacidad de concentración, y tocar el ukelele afecta en gran medida su lectura e incluso habilidades de hablar. La razón es simple: aprendes a leer música junto a tocar el instrumento, por lo que tiendes a mejorar tus habilidades de lectura y comprensión más rápido.

Un estudio mostró que los niños que participaron en un programa de música en particular lo hicieron mucho mejor en matemáticas y ejercicios de lectura que los niños que no lo hicieron.

¿Sigues en duda? Lo dudo.

Razones por las que deberías tocar el Ukelele

Ya sea para fines casuales o escolares, hay muchas razones por las que debes tocar el Ukelele y tomarlo como tu instrumento número uno. Sealados los increíbles beneficios mencionados anteriormente, el ukelele es bastante fácil de aprender en comparación con otros instrumentos de cuerda como la guitarra. Además, se puede utilizar para la música folk y no popular, clásica y contemporánea.

Así que aquí vamos:

1. **Los ukeleles son rentables**: Las personas a menudo huyen de poseer instrumentos de música personal debido a su alto costo, por lo que prefieren practicar con los públicos. Pero ese no es el caso de Los ukeleles. Es uno de los pocos instrumentos que no te secará financieramente, y es por eso que su fama y popularidad se extendió en primer lugar. ¿Recuerdas cuando se dijo que más de 9 millones de ukuleles asequibles fueron producidos en los años 60? Sí.

Además, se producen en diferentes formas, tamaños y colores, por lo que puede elegir al contenido de su corazón, o incluso comprar uno y conseguirlo personalizado. ¡Simple y fácil!

2. Es genial para los **compositores**: Como compositor en ciernes, usted puede estar preguntándose: *¿por qué debería escribir mis canciones con un ukelele en lugar de usar pianos y guitarras convencionales?*

Relajarse.

El Ukelele es uno de los mejores instrumentos para escribir canciones porque tiene más opciones de escritura y interpretación, permitiendo así a los artistas ser más creativos con su género. Usted no tiene que apegarse a un estilo o sonido en particular, ya que el instrumento fomenta la creatividad. Se utiliza regularmente en películas, comerciales y festivales, e incluso se incorpora a los álbumes.

3. **Fomenta el interés por otros instrumentos:** Lo hermoso del Ukelele es que permite al artista expandir y explorar otros instrumentos musicales. Si usted tiene la intención de aprender otro instrumento, especialmente si se trata de un tipo de cuerda como el violín, entonces se aconseja que aprenda a tocar el ukelele primero. Es muy fácil de aprender como un aficionado en comparación con el aprendizaje de otros instrumentos de cuerda (aunque la técnica es la misma), y le ayuda a entender los conceptos básicos antes de tratar de aprender instrumentos más complicados. Así que definitivamente es algo que querrás aprender.

4. **Es muy fácil de aprender:** Esta es una de las razones más importantes por las que debe aprender a tocar el ukelele, a pesar de que no tiene antecedentes en la música. En primer lugar, el instrumento es muy ligero, por lo que no tiene que preocuparse de agotarse después de cinco minutos. Entonces, las cuerdas son muy lisas y finas, por lo que son más fáciles de entender y manipular, a diferencia de otros instrumentos de cuerda como la guitarra eléctrica, que lleva a los principiantes alrededor de dos meses para dominar las cuerdas solamente. Por último, su atractivo carácter y portabilidad te entusiasmará.

5. **Te hará más responsable:** *¡Has empezado de nuevo! ¿Cómo tocar un instrumento musical me hará más responsable? ¡Ya lo estoy!*

Sé que lo eres. No hay disputa al respecto. Pero con cada hazaña o logro, hubo sacrificios hechos. Tocar al Ukelele te hará responsable porque hay un montón de cosas con las que tienes que lidiar si quieres aprenderlo eficazmente y seguir adelante con tus actividades diarias. Por ejemplo, usted tiene que asegurarse de que su ukelele está en orden. Debe haber limpieza y mantenimiento regulares. Además, debes ser capaz de equilibrar el tiempo dedicado a practicar y hacer otras cosas, y atenerte a ese tiempo, lo que puede ser muy difícil incluso para los profesionales.

6. **Mejora el trabajo en equipo y la cooperación:** *¡Pero juego solo!*

Cada vez que aprendes algo, no lo aprendes por ti mismo, incluso si esa es tu intención. Es posible que debas tocar para las personas o enseñarles. Ahora tu habilidad para trabajar con otros va a ser muy crucial en tu vida a medida que envejezcas. Cuanto más practiques y seas mejor jugando, más probable es que te den cuenta para aquellos con intereses similares. A continuación, puede terminar trabajando en una banda o una orquesta. De cualquier manera, su capacidad de trabajar con ellos para producir buena música no sólo le promoverá a usted, sino también a los demás miembros de su equipo.

7. Usted será capaz de expresarse más claramente: Hay un dicho que dice: "Cuando te quedas cerca de una cosa por demasiado tiempo, se convierte en una parte de ti". Cuando siempre tocas el instrumento, se convierte en una parte de ti, por lo que con el tiempo, podrás tocar cualquier cosa que quieras de acuerdo a tus emociones.

Al igual que los escritores son capaces de derramar sus emociones a través de su trabajo y los artistas pintan a través de sus lienzos, los músicos de Ukelele también son capaces de componer piezas que son emocionales para ellos. De esta manera, aprenden a expresarse más y aliviar el estrés, lo que conducirá a una vida más larga y saludable.

8. Los acordes son muy fáciles de dominar: Esta es la razón principal por la que los aficionados deben aprender a tocar el Ukelele primero. Los acordes son muy fáciles de dominar y memorizar porque son sólo cuatro cuerdas, a diferencia de la guitarra y otros instrumentos de cuerda con acordes complicados que pueden tomar meses para memorizar y dominar. En Ukelele, los mismos acordes se reproducen repetidamente con un solo dedo. Así que ten la seguridad de que este es uno de los instrumentos más fáciles que jamás encontraras en tu vida.

9. Diferentes canciones pueden adaptarse al Ukelele: Esto se debe a que es un instrumento muy versátil. Muchas canciones se pueden adaptar o simplificar con el ukelele, como la música folk, clásica, moderna y contemporánea. Esto implica que si quieres interpretar cualquier canción indígena o una canción que atraviesa diferentes culturas y tradiciones, el Ukelele es tu mejor opción. Esta es la razón por la que el Ukelele es una parte integral de muchas actuaciones.

10. **Tocar al Ukelele elimina el aburrimiento:** A medida que los seres humanos, podemos tender a caer en rutinas predecibles en un punto u otro, y mientras que son partes de nuestras vidas, hacerlos continuamente puede hacer que pronto nos aburramos e incluso nos aburran. O hay algunos casos en los que es posible que realmente no tenga nada que hacer.

¿Alguna vez has estado tan aburrido que acabas de acostarte en tu cama y empezaste a contar las tablas de techo y te preguntas cómo se verá el techo si las tablas estuvieran en otra forma? No es una buena sensación. Pero aprender una nueva habilidad o conseguir un nuevo hobby resuelve eso. Al aprender a tocar el Ukelele, usted podría reproducir mil canciones de su elección y pasar su tiempo significativamente.

11. **Los ukeleles son amigables y divertidos:** Esto no es una sorpresa. Cuando empieces a aprender este instrumento, estarás expuesto a diferentes tipos de música como el folclore, medieval, clásico, contemporáneo, cultural y similar (recuerda cuando dijimos que cualquier música podría ser adaptada o simplificada para adaptarse al Ukelele?)

Esto hace que el Ukelele sea el instrumento perfecto para relajarse y relajarse con amigos y familiares.

¿Cuánto tiempo se tarda en aprender el Ukelele?

Hermosa pregunta.

Se dijo anteriormente que el Ukelele es uno de los instrumentos más fáciles de aprender. Como principiante, es posible recoger los conceptos básicos o entender el concepto dentro de diez a quince minutos, ya que sólo hay cuatro cuerdas. Sin embargo, es posible que tenga que poner en tres a seis meses de trabajo duro constante y práctica para ser capaz de reproducir canciones cómodamente. Este período es relativamente más corto, en comparación con instrumentos de aprendizaje como la guitarra eléctrica que toma ese mismo tiempo para dominar sólo los acordes.

Conclusión

¡Así que ahí lo tienen, damas y caballeros! Es difícil ver un instrumento que viene con tantos beneficios como el Ukelele, que van desde mejor enfoque y concentración, postura, audición, coordinación corporal, habilidades sociales mejoradas, proporcionar servicios terapéuticos, dar una sensación de logro y propósito, ayuda a la circulación y digestión sanguínea adecuada y lo más importante, ayudándonos a aliviar el estrés cuando estamos abajo de las actividades del día.

Lo hermoso del Ukelele es que es muy fácil de dominar. No tiene que empezar a contar meses o años en su horario de práctica. Además, no importa qué género de música te interese. Cualquier tipo de canción se puede adaptar para adaptarse al Ukelele, y los aficionados también pueden escribir sus canciones con facilidad. ¡Podrían convertirse en músicos de ukelele de renombre mundial, crear una banda o unirse a una famosa orquesta!

Así que después de haber conocido todos los beneficios de tocar el ukelele y por qué usted debe considerarlo como su instrumento número uno, es hora de ponerse a trabajar. Lo primero que tienes que saber es la disposición del acorde, que es relativamente simple. Entonces es el rasgueo. Y también necesitará saber qué tipo de ukelele usar. Todo esto estará cubierto en los siguientes capítulos, así que mantén los ojos pegados.

Capítulo 2

Ukelele Como Principiante

Introducción

Un ukelele es uno de los elementos únicos de la naturaleza. Originario de Hawái, juega un papel valioso en su cultura presente en la isla. La popularidad del ukelele se ha extendido por todo el mundo desde Hawái, y más personas están dispuestas a aprender a tocar en todos los rincones del mundo. Muchas preguntas rodean el uso de un ukelele, como cómo tocarlo y lo que significa y mucho más. Debido a la ampliación de este pequeño instrumento acústico, que viene con un sonido audaz, más estudiantes están resurgiendo.

Lo que debes saber sobre el Ukelele es que comienza la historia; juega un papel importante en ella. Aunque muchos principiantes tienden a encontrar la historia del ukelele aburrido, es una de las mejores maneras de empezar a conocer el instrumento. Aquellos que tienen un poco de conocimiento de fondo sobre instrumentos de cuerda tienden a tener un buen número de conceptos erróneos sobre el Ukelele. Algunas personas piensan en ello como nada más que una pequeña guitarra, y aunque podría verse de esta manera, no lo es.

Un ukelele podría compartir muchas similitudes con una guitarra acústica; termina en la forma, tamaño, y posiblemente las operaciones principales de cómo se comporta el instrumento. Aunque un ukelele podría tener un tamaño más pequeño, difiere en afinación, acordes y técnicas de juego.

Aquellos que podrían tener una idea acerca de tocar la guitarra tendrán que empezar a aprender desde cero cuando se trata de este instrumento, ya que podría no ser la misma teoría relacionada. Básicamente, un ukelele no es sólo una pequeña guitarra para guardar en una maleta cuando va a lugares; el juego es bastante diferente y emocionante.

Dicho esto, un ukelele es un instrumento único que tiene un tipo especial de enfoque, y los principiantes, y todos los demás están seguros de disfrutar del viaje.

Lo que debe saber como principiante

La vida de un principiante, independientemente de dónde esté empezando, siempre resultará ser difícil. Esto no es diferente para el ukelele. Sin embargo, hay razones válidas por las que no debe darse por nada.

Hay un montón de beneficios asociados con ukelele, y el increíble instrumento ha llegado a ser un nombre de hogar muy popular en lugares distintos de donde es más popular, Hawái. Esto es comprensible porque es un pequeño instrumento tan hermoso que hace enormes sonidos que te mantienen entretenido, así como otros beneficios adicionales. Esta es la razón por la que hay ciertas cosas que necesita entender y llegar a un acuerdo antes de comenzar su lección de ukelele o declararse un profesional. Así que si eres un entusiasta del ukelele con otras habilidades, es posible que aún tengas que empezar a aprender en algún lugar. Esta es la razón por la que hemos enumerado las cosas importantes que necesita saber como un principiante jugando el ukelele.

1. Encuentra el ukelele adecuado
Como principiante, lo primero que quieres hacer es encontrar el Ukelele adecuado para ti. No importa si quieres empezar con alguien barato modelo o si sientes que tocar el Ukelele puede no ser la opción correcta para ti o incluso si ya has planeado ser un profesional y por lo tanto tienes un modelo de gama alta. Como principiante, usted necesita hacer una buena cantidad de investigación para encontrar el mejor ukelele para usted y su bolsillo, así. Buscar guías de ukelele puede ser una buena manera de empezar, ya que le permiten saber el mejor ukelele para comprar por su dinero.

2. Tus uñas juegan un papel enorme
Otra cosa importante que usted debe saber acerca de tocar el ukelele es que sus uñas juegan un papel muy importante en la determinación del tipo de sonido que saldrá si lo hace. Sus uñas son mejor limpias y cortas, por lo que puede permitir preocuparse y obtener un sonido mejor y más distintivo que si no. Cuando tiene que ver con los dedos rasgueando, puede permitir que crezcan un poco para un mejor efecto. Así que tanto para recoger y rasguear,

las bolas en el pulgar, el primer dedo, el dedo medio, y el dedo anular se debe permitir crecer un poco para producir mejores sonidos.

3. Comience a aprender una canción simple

Cuando empieces a tocar este instrumento, es posible que te sientas un poco abrumado con el número de canciones que se pueden tocar en un uke. Esta es la razón por la que es posible que desee elegir una canción más fácil para los principiantes. Es comprensible cuando los principiantes quieren comenzar con canciones de segunda mano favoritas, que podrían venir con acordes complicados y tiempo más difícil, y esto es suficiente para desequilibrar a cualquiera. Dicho esto, como principiante, necesitas estar más centrado en cómo mejorar tu familiaridad con los acordes y mejorar tu tiempo. También es necesario aprender el rasgueo en el ritmo mantenerse estable y cómo producir los mejores sonidos. La mejor manera de hacerlo es eligiendo canciones más fáciles de ukelele para empezar. Las canciones más fáciles tienden a venir con 3-4 acordes básicos, y de esa manera, aprendes más a medida que pasa el tiempo.

4. No tengas miedo de invertir en dominar la base

Si usted es un principiante ukelele y es posible que desee ser un maestro de este instrumento en poco tiempo, usted no debe tener miedo o molesto acerca de pasar una buena cantidad de tiempo aprendiendo acerca de las partes y cómo afinarlo. La mejor manera de aprender sobre la afinación de tu uke es asegurarte de afinarlo cada vez que quieras empezar a tocar. Si desarrollas este hábito, la afinación te parecerá más natural. También necesitas practicar cómo sostener tu ukelele. Para producir los mejores sonidos de un uke, es necesario sostenerlo cómodamente. Cuando estás de pie, puedes dejar que el cuerpo del ukelele descanse en el vientre o el pecho mientras te rasgueas, y mientras estás sentado, puedes usar una de tus piernas como soporte para el instrumento. Es importante tener en cuenta el cuerpo del uke y asegurarse de que su mano de rasgueo siempre está descansando en la parte superior de su cuerpo para que pueda tocar cómodamente. También debe invertir un buen momento en la memorización de las formas básicas de acordes para una velocidad más fácil, y en poco tiempo, usted será capaz de reproducir canciones más nuevas y más duras.

5. Sube una muesca, pero lentamente

Al igual que se mencionó anteriormente, cuando se comienza con canciones más fáciles, se puede ir lentamente en canciones más difíciles y más difíciles de tocar. Esta es la razón por la que necesita evaluar dónde están y si es el mejor momento para cambiar a otro nivel. Una buena manera de saber que es hora de que lo hagas es si sientes que tu rutina de aprendizaje normal es mucho más fácil, y es posible que necesites un poco más de desafío adicional. Haz esto racional y lentamente, para que disfrutes de cada paso involucrado.

6. Regístrese

Hay una gran cantidad de beneficios que vienen con la grabación de sí mismo. Al igual que todo lo demás, sabes lo que estás haciendo mal o bien cuando puedes oírlo o verlo, y aprender el Ukelele no es diferente. La mejor manera de identificar dónde necesitas mejorar en tu juego es grabarte a ti mismo y escuchar de una manera imparcial.

7. La práctica y la repetición nunca pueden salir mal
Las personas que tienen éxito en la vida no son sólo personas nacidas con talento. En cambio, son trabajadores duros y trabajadores inteligentes. Aquí es donde la práctica y la repetición entran en su lugar. Aunque puede sentirse agotador al principio, usted está seguro de sentirse mucho mejor cuando ve lo bien que ha mejorado. Toda persona exitosa puede asegurarle que la repetición le hace más eficaz, y que no debe darse por sentado. Así que practique y repita hasta que esté seguro y seguro de su habilidad. Incluso entonces, no te aflojes.

Mucha gente practica, y esto los llevará a donde están, como atletas y músicos. Ponen un montón de horas en cansato para obtener el rendimiento perfecto porque no sólo viene a ellos en su sueño. Así que es fácil decir que con suficiente práctica y repetición, usted está seguro de ser genial en tocar el ukelele. Cuando aprendas el Ukelele, asegúrate de practicar de vez en cuando para asegurarte de que se adhiera a ti, y tus habilidades siempre se perfeccionan.

8. Gestione sus expectativas
Ahora no queremos decir que debas mirar hacia abajo, pero es mejor saber que las altas expectativas podrían ayudarte a superar la decepción de tu primer rendimiento malo en Ukelele. Para un principiante, podrías tocar terriblemente al principio, pero no deberías dejar que te haga moverte. Puede establecer expectativas

realistas para usted mismo, para que sepa cómo manejar las decepciones y frustraciones que pueden venir si está viviendo o jugando a su nivel. Si dejas que tu espíritu se aplaste, puede ser difícil querer tocar el Ukelele o tal vez cualquier otro instrumento más, así que asegúrate de manejar tus expectativas.

9. Ver otros jugadores de ukelele

Ver y escuchar a otras personas tocar el Ukelele, especialmente los profesionales, puede darte una idea de lo que estás haciendo mal y cómo mejorar en tu juego. Verlos y escucharlos puede darte una vía de aprendizaje de otras técnicas fascinantes que puedes añadir a la lista de las que ya tienes. Puedes conseguirlos en línea en plataformas como YouTube, donde hay profesionales que proporcionan lecciones gratuitas de ukelele a los suscriptores o casi cualquier espectador para perfeccionar tus habilidades.

10. Asimilar la teoría de la música

Como un principiante que tiene la idea de ser más serio en la interpretación del ukelele, usted apreciará el uso de la teoría de la música en su viaje. Este es el lenguaje de la música, y si usted tiene una buena y fuerte experiencia en esta teoría, usted está seguro de hacerlo mucho mejor como músico que aquellos que son ajenos. Cuando aprendes todo lo que tiene que ver con la música, es mucho más fácil para ti experimentar con tu Ukelele. Si también quieres empezar a componer tus canciones con tu ukelele, entonces no tienes nada de qué preocuparte, ya que esta teoría musical es tu mejor amigo. Usted puede aprender esta teoría de la música en numerosas fuentes en línea de forma gratuita.

Bonus: Que te diviertas

Ahora entendemos la presión que puede venir de aprender un nuevo instrumento, pero recuerda siempre que eres el que lo aprende y no al revés, así que no dejes que te abrume. No te presiones demasiado a ti mismo, y deberías tenerlo en mente; se supone que esta es una experiencia divertida para ti y para aquellos que escuchan. Así que diviértete, hazte feliz y sé orgulloso de tu habilidad recién desarrollada.

Si usted tiene todo esto en la parte superior de su mente cuando usted comienza a tocar el Ukelele, el resto están seguros de venir más fácil para usted, y usted debe tomar las ingles y pasar un buen rato.

Aprender las partes del ukelele

Como principiante, conocer las partes de un ukelele es muy importante. Conocer los nombres de cada parte de este instrumento puede ayudarle de muchas maneras, como mantenerse en sintonía con Restringing y, lo más importante, cuidar bien su ukelele de una manera fácil y eficiente. Otro beneficio de conocer las partes de un ukelele es que puedes explicarlo mejor o hablar de ello con otros jugadores. Antes de proceder, es mejor saber que cada parte de un ukelele tiene diferentes nombres, con algunos conocidos por múltiples nombres. Sin embargo, algunos nombres son más comunes que el resto, y es por eso que conocer las partes de un ukelele nunca es un desperdicio y puede entrar en uso en un momento dado. Los guitarristas estarán encantados de saber que hay diferencias entre un ukelele y otros instrumentos de cuerda, así como partes que podrían ser iguales pero no son las mismas.

¿Cuáles son las partes del ukelele?

Hay bastantes partes en el Ukelele, y aquí están lo que son y lo que necesitan.

El cuello

Esta es la parte larga del uke que sale del cuerpo. Por lo general es muy ligero y débil en comparación con otros instrumentos similares como las mandolinas y, por supuesto, la guitarra. Esto es debido al uso de cuerdas de nylon, pero nunca debe intentar poner cuerdas de guitarra de acero en su uke porque se romperá el cuello.

El cuello se encuentra justo detrás del diapasón. Tiene una curva a cada lado, lo que permite la fácil manipulación del instrumento y permite un juego fácil y cómodo. Por lo general está hecho de madera o plástico y debe ser lo suficientemente fuerte como para soportar la tensión de las cuerdas. Tanto el cuello como el cabezal están hechos con un material sólido.

El cuerpo

El cuerpo del uke se considera la parte de la caja del instrumento, que consta de lados, una pieza frontal y una pieza posterior. El cuerpo de un ukelele es también una parte muy importante de ella, ya que amplifica el sonido procedente de todas las cuerdas vibratorias. Debido a esto, el tono hecho del ukelele se ve muy afectado por el cuerpo.

El cuerpo de un ukelele viene en diferentes formas y tamaños, y algunos de ellos están hechos para imitar la forma clásica o moderna de varios instrumentos. Algunos tienen la forma de guitarras modernas, mientras que otros no.

Cabezal

Esto se conoce a veces como la cabeza de este instrumento, que se encarga de sostener los afinadores. El cabezal es la parte más leal del ukelele del cuerpo. Esta parte del instrumento está hecha de madera maciza o, en algunos casos, está hecha de plástico. Esto hace que sea un apoyo de tensión fácil para ambas cuerdas y el torneador también.

Sintonizadores [Otros nombres incluyen clavijas de afinación, cabezales de máquina, cabezales de afinación, teclas de afinación o simplemente clavijas]

Una parte muy interesante es el ukelele, que puede afectar a cómo se produce un sonido al final es el afinador. Hay 4 clavijas en total, que se encuentran justo en el cabezal en un ukelele, y al igual que su nombre indica, son la columna vertebral de las cuerdas de afinación. Es importante saber cómo se enfrenta cada afinador porque algunos afinadores van hacia atrás mientras que otros se dirigen hacia un lado. Todo esto suele depender del uke. La parte superior de la cuerda suele ser enhebrada pasada el afinador, y en este proceso de girar este afinador, las cuerdas pueden ser para perder o apretar, que por lo general depende de la forma en que se giran. Al igual que otras partes del uke, los torneadores vienen con nombres diferentes, pero a diferencia de la mayoría, viene con muchos nombres diferentes debido a los diferentes cambios en su diseño en los últimos años. Esta parte del uke ha pasado por muchos diseños diferentes en los últimos cien años, y eso trajo consigo los diferentes nombres que se le dieron.

Algunos de ellos están orientados; esto los hace muy fáciles en el giro; sin embargo, otros dependen de la fricción, y aunque apenas se utilizan en la fabricación de ukes modernos, hay más difíciles de girar que los primeros. Cuando uke está sintonizado desde el afinador, habrá que soltar el afinador un poco primero sin ajustarlo a la nota correcta. Esto se hace con el fin de evitar la rotura de las cuerdas, así como el exceso de estiramiento de las cuerdas, así. Si tienes una herida de metal encadenada uke, esta es la mejor manera de hacerlo.

La Nuez
La nuez es una pequeña cresta que va justo entre el diapasón y el cabecero, donde descansan las cuerdas. Las cuerdas se espacian en su mayoría de manera uniforme en la parte superior del uke gracias a las pequeñas muescas presentes en la tuerca. Las tuercas sirven con el propósito de elevar las cuerdas del diapasón por un poco en otro para permitirle tocar el uke eficientemente simplemente empujando las cuerdas hacia abajo. Es seguro decir que el uke será muy injugable si no hay ninguna nuez presente. Esto debido a las cuerdas que pueden fácilmente salir de su lugar y luego cepillarse a lo largo de los trastes. Saber dónde se encuentra la tuerca le ayuda a prestar atención a sus detalles y saber cómo ir sobre la limpieza, por

lo que no pone en peligro el sonido de su ukelele y derrotar el propósito de su entusiasmo por el instrumento.

Los trastes

Los trastes son las pequeñas barras que se fijan en el diapasón a intervalos diferentes y específicos. Tienden a salir un poco por encima de la parte superior de un diapasón debido a esto; cuando cualquiera de los dedos se colocan justo detrás de él, puede detener las cuerdas en lugar de detener el dedo. Es seguro decir que a diferencia de otros instrumentos sin trastes como el violín, por ejemplo, el uke puede producir sólo sonidos semi tonales y eso solo. Los trastes suelen parecer estar más cerca de donde se encuentran alrededor del agujero de sonido, y esto se debe a la cuerda, que llega más al lado más corto, y como lo hace, la diferencia entre un tono y otro es mucho más pequeña. En pocas palabras, los trastes son tiras de natal que corren a través del diapasón es una manera vertical, que marca nuestros diversos tonos de una nota musical. Cuanto más alto es el diapasón, más alto se pone la nota.

El diapasón

El diapasón es un trozo de madera que se extiende a través del cuello del uke y se encuentra en la parte posterior de las cuerdas. A medida que toca su uke, las cuerdas deben ser presionadas hacia abajo sólo hasta el diapasón en otros para producir notas musicales. Este diapasón se conoce como la superficie frontal del cuello, sólo baja las cuerdas, y por lo general es de color negro y siempre ha sido así durante mucho tiempo. Debido al hecho de que por lo general estaban hechos de madera oscura dura como el ébano o el palo de rosa y hasta ahora se ha pegado incluso con el diseño moderno de ukelele. Se espera que un buen diapasón sea liso y fuerte, por lo que puede pegar perfectamente en el cuello.

Los marcadores de trastes
Los marcadores de traste se refieren a los puntos presentes en un diapasón. Su función incluye hacer que sea mucho más libre de problemas para que usted sepa qué traste es padre a lo largo del cuello de uke y que no lo es. El ukelele tiende a estar marcado en los años 5, 7, 8 y 10, y si va más lejos, tiene marcadores en 12 y 15. Los guitarristas tienden a encontrar estos arreglos confusos a veces porque a diferencia del Ukelele, una guitarra tiene un marcador en 9 y 10, por lo que es completamente diferente.

Estos marcadores son pequeños puntos blancos incrustados; aunque pueden estar en diferentes otras formas, también pueden estar en diferentes colores. Debido a estos puntos, encontrar su camino de una nota a otra se hace más fácil y es más útil cuando necesita mover distancias más grandes hacia arriba y hacia abajo del diapasón, por lo tanto, haciéndolos una parte esencial del ukelele.

El agujero de sonido
Este es un agujero redondo que está presente frente al ukelele, que deja sonar. Un agujero de sonido se coloca principalmente debajo de las cuerdas, pero no siempre es así. Es importante para la nota que la colocación de estos agujeros de sonido no tiene ningún impacto particular en el sonido producido.

Un agujero de sonido se puede encontrar bajo las cuerdas de uke, y es el proyector de sonido del instrumento, y estos sonidos tienden a extenderse por todo el cuerpo de uke. Al tocar el ukelele, si el instrumento está rasgueado justo por encima de la boca de sonido, el sonido producido será significativamente más fuerte que si rasguea hacia arriba o hacia abajo las cuerdas, ya que esto hace que los sonidos sean un poco más silenciosos. Saber esto te ayuda a saber qué tipo de sonido estás apuntando.

El puente
Un puente de este instrumento es el área que va sobre el cuerpo del Ukelele. Hay diferentes tipos de este puente, y también es una parte importante de un ukelele. Estas partes incluyen:

- Los puentes de la barra de amarre vienen con pequeños agujeros donde las cuerdas se enhebran a través. Cada cadena está unida al puente de una manera especial de proteger la cadena.

- Un puente estándar, por otro lado, también posee pequeños botches pero en la parte final de este puente, que es hacia la zona inferior de un ukelele. Las cuerdas se anudaron principalmente hacia la parte final para asegurarlas en un puente estándar, y estos nudos se colocan en la muesca. El tipo de puente estándar ayuda a las cadenas a tener una posición correcta.

El puente viene con un lado que está muy cerca del agujero de sonido del uke, y tiene una entrada de tira estrecha y larga en él y se conoce como el sillín.

El sillin

Esta es una pieza delgada y la mayoría de las veces blanca que sobresale del puente. Las cuerdas de un ukelele descansan en la parte superior del sillín. El sillín de un ukelele tiene un montón de funciones tanto como otra parte importante del ukelele, la tuerca. Pero la diferencia entre ellos es la ubicación, que está en el puente y todo el camino hasta el final de la cuerda en el Ukelele. El sillín cumple la función de elevar cada cuerda a la altura adecuada, y esto es necesario para mantenerlos perfectamente a una distancia de los diapasones, justo el camino adecuado a la tuerca. Un sillín de ukelele también posee pequeñas muescas presentes en una tuerca, que es necesaria para mantener las cuerdas adecuadamente espaciadas unas de otras.

La afinacion

Una parte muy importante de un ukelele, que se utiliza en la producción de sonidos, se hace principalmente de nylon en algunos de los ukeleles modernos y otros artículos en otras formas de un ukelele. Por lo general hay una combinación de este nylon y una cuerda más metálica para hacer otros tipos de ukelele, y tienen su singularidad, así como las diferencias de tono, por leves que sean.

Las cuerdas de la herida de metal, por otro lado, por lo general crean un tono diferente y más audaz en las cuerdas inferiores de un uke. En algunos casos, se utilizan cuerdas de acero; sin embargo, pueden poner en peligro su ukelele y, en última instancia, pueden dañarlo.

La afinación en diferentes tipos de ukuleles es única en comparación con una gran cantidad de instrumentos de cuerda que van de las notas más bajas a las más altas, pero en su lugar, van más alto a la más baja u otras maneras excepto esto.

Conocer las partes detalladas del Ukelele es suficiente para ayudar a cualquier principiante a saber lo que está haciendo y evitar que se vean o se pierdan. También muestra partes delicadas que deben manipularse correctamente para garantizar que su ukelele dure mucho tiempo.

¿Cómo se hizo tan popular el ukelele?

Ukelele ha existido durante mucho tiempo, pero por alguna razón, están volviendo con estilo, y mucha gente se pregunta por qué un viejo instrumento, que en su mayoría fue considerado como un instrumento hawaiano, se estaba volviendo igual de popular de nuevo. Hay muchas razones para esto, como las tendencias virales y la apreciación de la música retro, lo que conduce a una revolución retro. Pero antes de que consigamos por qué es popular ahora, ¿por qué era tan popular entonces?

En el año 1879, había un barco que transportaba a los viajeros portugueses, y llegaron justo al puerto de Honolulu, Hawái. Una historia es que un hombre que estaba muy emocionado de llegar a tierra finalmente tomó un instrumento de 4 cuerdas y tocó un montón de canciones de agradecimiento. El nombre del instrumento era la braguinha, y este instrumento de cuerda trajo suficiente gente para escucharlo, y más gente en la isla se sorprendió tanto que otro de los colonos de Portugal decidió abrir una tienda donde se hicieron estos instrumentos musicales.

Además, estaba un oficial inglés que también se familiarizó mucho con este instrumento musical y lo utilizó para entretener a los miembros de la corte hawaiana. Debido al hecho de que era enérgico y también pequeño, se le dio el nombre de "Ukelele", que significaba "saltando pulga" en Hawái, y en cuestión de tiempo, este nombre se extendió por todas partes, y más gente quería ver este instrumento que tanto amaba tocar.

Sin embargo, hay otra historia que insinúa que el "Ukelele" proviene del salto como el movimiento de los dedos cuando la gente tocaba el pequeño cuello de este increíble instrumento. La conclusión es que, cualquiera que sean estas historias correctas, es cierto que a la familia real le encantó tanto y lo adoptó como el propio instrumento de la isla, y eso fue lo que mucha gente hasta el día de hoy, conoce al Ukelele como.

En el año 1915, mucha gente tenía la locura del ukelele, y Hawái llegó a mostrar al mundo lo que era el Ukelele y cómo se tocaba. Este mismo año mieron a millones de personas asombradas y completamente encantadas por la belleza de este instrumento.

Después de que una de las canciones "On the beach at Waikiki" capturara el corazón de todos, cada vez más empresas comenzaron a fabricar este instrumento, vendiéndolas, así como dando lecciones para enseñar a más gente a tocarlo. Algunas personas piensan en este instrumento como un instrumento romántico, así como un instrumento despreocupado. Así que si querías profesar amor a una persona o simplemente hacer el aire más ligero, el Ukelele lo hizo posible.

En la década de 1920, más y más personas se convirtieron en estrellas para tocar el Ukelele como Johnny Marvin, y también fue visto en desfiles. Todo el mundo quería un pedazo del Ukelele, y era comprensible.

En la década de 1950, el Ukelele también ganó otro resurgimiento popular debido al programa de televisión titulado "Arthur Godfrey and His Ukelele". Cuando este espectáculo salió, corrió por un total de 4 noches semanales y tuvo a la estrella del espectáculo cantando y mostrando sus habilidades de Ukelele. No sólo dio lecciones, sino que también apoyó una gran cantidad de auges de instrucción de ukelele, que se agotaron en millones. Resurgió de nuevo décadas más tarde, pero en la década de 1980, fue visto más como un accesorio cómico que como un instrumento musical muy a disposición de muchos. Nadie tenía en mente que el uke iba a resurgir de nuevo, pero eso cambió en los 90.

En el año 1995, tiene su regreso gracias a los Beatles que contó con George Harrison mientras tocaba el Ukelele. En el año 1999, había una versión para ukelele de "Over the Rainbow", que era una canción del popular músico hawaiano Israel Kamakawiwo'ole, y ganó más popularidad ya que apareció en un comercial de juguetes y le daba a este instrumento una oportunidad en el mundo de la música.

Para mostrar lo popular que era, la grabación en sí fue licenciada más de 100 veces en la venta de diferentes cosas, desde pinturas, hasta juguetes, hasta boletos de lotería. El objetivo principal era enviar mensajes de romance, así como de fiabilidad. El Ukelele, como se mencionó anteriormente, era bueno en regalar estos mensajes.

Es comprensible por qué el Ukelele era popular en el pasado, pero ¿por qué es tan popular ahora también? ¿Por qué mucha gente quiere aprender sobre este instrumento y saber cómo tocarlo? Incluso en YouTube y otras redes sociales, hay miles de videos que están relacionados con el Ukelele. También está Jake Shimabukuro, quien se convirtió en una fascinante sensación en Internet cuando lanzó una versión de "While My Guitar Gently Weeps".

Otra cosa que hace que el ukelele tan atractivo es su precio. Usted no tiene que gastar una fortuna en la compra de uno y la estructura, así porque es bastante portátil y tiene un diseño atractivo. También es fácil de aprender, y si pones tu mente en ello, deberías estar jugando bien en poco tiempo. Cuando empieces a tocar el Ukelele, es posible que suenes fuera de sintonía al principio, pero a diferencia de otros instrumentos musicales, puedes darle la vuelta a esto para mejor.

Y por último, la única razón importante por la que el ukelele es muy popular es su capacidad de ser tan gentil y preocupado por la ligereza mientras elevas tu espíritu y traes una sonrisa a tu rostro. Si estás teniendo un mal día, o te sientes triste y deprimido, tocar al Ukelele puede ser un largo camino para animarte y hacerte sentir mucho mejor.

La mejor parte es que, gracias a la tecnología, que nos da acceso a los teléfonos inteligentes y al resto, la revolución retro está golpeando a cada uno por sorpresa, y las cosas que no fueron lo suficientemente apreciadas en el pasado están siendo más apreciadas hoy en día y asegurándose de que no desaparecen en aire delgado.

Así que como un principiante aprendiendo las cuerdas del Ukelele, es definitivo que estás en el camino correcto no sólo preservando la cultura, sino también divirtiéndote mientras lo haces.

Conclusión

El ukelele es un instrumento divertido que nadie debe sentirse presionado en el aprendizaje. En su lugar, el impulso debe venir de su corazón y alma para permitirle estar más concentrado y decidido en el aprendizaje de este maravilloso instrumento tocado en escenarios reales y eventos en Hawái. De hecho, es uno de los instrumentos únicos del tiempo.

Aunque usted puede sentir que es sólo otra guitarra para hacer pop sobre cualquier cosa que desea cantar una canción, el ukelele es más que eso. Así que si eres un entusiasta del ukelele, esperamos que estos pasos te ayuden a convertirte en el maestro que eliges ser.

Capítulo 3

Aprender a Tocar

Sí, a estas alturas, no estará mal llamarse a sí mismo un jugador de ukelele certificado. La verdad es que apenas toma tiempo empezar a tocar. Todo lo que necesitarás es un poco de paciencia y trabajo duro. En el último capítulo, hablamos un poco sobre las cosas que tendrás que saber si quieres tocar bien al ukelele. También mencionamos las diversas partes del ukelele y las funciones y el papel que desempeñan a la hora de asegurarse de que el ukelele funciona perfectamente bien. A estas alturas, deberías tener una base sobre cómo debe verse o funcionar el ukelele.

Por lo tanto, en este capítulo, vamos a ir un paso más allá. Vamos a discutir las diversas maneras en que la gente realmente puede llegar a ser experto en tocar el ukelele. También vamos a considerar una manera en profundidad sobre cómo reproducir eficazmente el ukelele correctamente. Sin embargo, antes de entrar en el negocio de tocar al ukelele, sólo cabe que discutimos por qué creemos que el ukelele es especial. Veamos si podemos identificar algunas de las razones;

Portabilidad

Ahora, un problema que la gente suele tener con su instrumento musical favorito es la portabilidad. Incluso la guitarra, que es muy popular entre la gente, puede resultar tan grande que se vuelve incómoda en público. Con este problema, muchas personas han tenido que ir en viajes largos sin tener sus instrumentos musicales a su lado. Sin embargo, con el ukelele, esto no es un problema.

El ukelele es considerablemente más pequeño que otros instrumentos musicales. Esto significa que sus preocupaciones, que habrán estado relacionadas con los viajes, desaparecerán. Con el ukelele, tendrás un instrumento musical único y también portátil. No hay duda de que la capacidad de llevarlo fácilmente de un lugar a otro contribuye a su propia naturaleza.

El Ukelele es elegante pero simple
Para muchas personas en el mundo de hoy en día, simple no sólo está de moda. Cuanto más complejo sea algo, más probable es que la gente lo vea como excepcional. Sin embargo, cuando se trata del ukelele, esto no podría estar más lejos de la verdad. El ukelele es bastante simple. Sin embargo, ordena mucho respeto y atractivo entre quienes lo tocan. El ukelele es un instrumento musical que tiene la capacidad de mantenerse solo sin ningún problema.

Ukelele es un tipo diferente de pop
La industria del pop es una de las industrias musicales más grandes del mundo. Por lo tanto, es natural que se sienta obligado a ser parte de ella. Con el ukelele, puede estar seguro de que está al alcance de su mano. Es mucho que se puede hacer, y con los efectos combinados de su sonido único, pronto estará cantando a lo largo de algunas canciones favoritas.

Así que ahora que sabemos algunas cosas especiales sobre el ukelele vamos a ver si podemos ir directamente a los negocios. Aquí hay una guía sobre cómo puede reproducir eficazmente su ukelele;

Una guía detallada sobre cómo tocar el ukelele
Por lo tanto, hay algunos pasos que tendrá que haber hecho antes de empezar a aprender el ukelele. Veamos si podemos identificar algunas de esas cosas importantes;

Consíguete un ukelele
Lo primero, que tendrás que hacer, es asegurarte de que te consigas un ukelele. La verdad es que hay tantas ventajas que vienen con esto. La necesidad de tener un ukelele es la misma necesidad que alguien que toca la guitarra se sentirá acerca de tener una guitarra. Tenerlo contigo te permitirá entrenar y aprender cuando quieras. Además, si quieres ser bueno jugando al ukelele, esto podría resultar ser una inversión digna.

Lo bueno de comprar un ukelele es que es relativamente barato en comparación con otros instrumentos musicales. Puedes conseguir un buen ukelele por unos $200. Por lo tanto, no hay nada que te impida dar ese salto hoy. Al conseguir un ukelele, siempre se recomienda que usted va para aquellos que tienen clavijas de afinación que están orientados en lugar de las clavijas de fricción populares que algunos ukuleles utilizan. La razón de esto es porque le resultará mucho más fácil mantener las cuerdas en el ukelele en jaque cuando se utiliza.

Afinación de su ukelele

El siguiente paso, que tendrás que dar una vez que tengas un ukelele, será afinarlo. Esto es muy importante. Un ukelele, que no está sintonizado, no sonará tan agradable. Lo bueno es que hay una gran cantidad de métodos que la gente utiliza para asegurarse de que su ukelele está sintonizado a la perfección. Uno de los métodos más populares será GCEA.

¿Te preguntas cómo funciona la afinación? Para lograr esto, tendrá que girar para girar la clavija con la que se mantiene la cuerda. La regla general con esto es que cuando se aprieta la cadena, el resultado es notas más altas. Sin embargo, cuando las cuerdas se aflojan, entonces usted logrará notas más bajas. Para entender esto mejor, sólo imagine que es una banda de goma y cómo responde a su apretamiento y aflojamiento de la misma.

Si usted está teniendo algún problema, entonces una solución, que la mayoría de la gente ha abrazado, sería el uso de un sintonizador electrónico. Esto se puede comprar en la mayoría de las tiendas que se ocupan de artículos musicales. Todo lo que tiene que ver con él es fijarlo a la cabeza del instrumento. Da una señal, que señalará cuando su ukelele ha sido ajustado correctamente.

Sosteniendo el Ukelele

El siguiente paso para tocar el ukelele será aprender a sostener el instrumento musical correctamente. Esto puede variar dependiendo de su mano dominante. Por ejemplo, si su mano dominante es correcta, entonces usted tendrá que agarrar el cuello del ukelele con la mano izquierda. Esto se hace de esta manera con el fin de darle el espacio adecuado para rasgar con la mano derecha.

Sin embargo, si tienes la mano izquierda como mano dominante, los roles se habrán invertido. Hay muchas posiciones que puede tomar mientras está jugando su ukelele. Uno de ellos se sentará. Mientras te sientas, es posible que te resulte cómodo colocar el ukelele en tu regazo o mantenerlo un poco más alto. Otra opción que está abierta para usted será la opción de pararse mientras juega. Otros también han encontrado útil el uso de una correa para asegurarse de que todo se mantiene en el lugar correcto.

Strumming the Ukelele
Bien, ahora hemos descubierto cómo sostener el ukelele y cómo afinarlo. El siguiente paso en nuestro descubrimiento será cómo podemos rasgar las cuerdas. Ahora, para hacer esto, lo primero que necesitará sin usar su dedo índice dependerá de qué mano se utiliza para rasgar. Una vez que hagas esto, puedes darte palmaditas en la espalda al tocar tu primer acorde.

Mientras que las opiniones y los debates acalorados pueden suceder sobre el uso de un plectrum para poner su ukelele en marcha bastante bien, la verdad es que en realidad es su decisión sobre cómo desea tocar. Sólo asegúrese de que su ukelele funciona perfectamente para usted. Si usted está planeando hacer la orquesta de ukelele, entonces usted encontrará especialmente el plectrum para ser muy útil. ¿Te estás preguntando qué plectrum te servirá perfectamente? Algunas personas han encontrado que el uso de un pico para la guitarra y evitar picos, que son flojos y no demasiado grueso, es bastante gratificante. No tenemos ninguna duda de que tendrá el mismo resultado.

Tomar descansos
Esto no es una aventura de hacer o morir. Por lo tanto, asegúrese de que está bien descansado antes de continuar. Hay muchas razones para esto. Juegas mejor cuando tu cerebro está activo y te sientes renovado. Además, el siguiente paso va a necesitar tu concentración.

Cajas de acordes
Ahora, el siguiente paso, que tendrás que seguir, será conseguir una buena comprensión de los acordes. Aunque esto será tratado en detalle en el siguiente capítulo de este libro, también tendremos que explicar un poco al respecto aquí. Cuando se trata de acordes, lo primero que tendrás que hacer, son las cajas de acordes.

Los cuadros de acordes son ilustraciones de naturaleza gráfica. Estas ilustraciones se utilizan para representar las primeras partes en el cuello del instrumento. En otras palabras, es más bien un dibujo, que se utiliza para representar la forma en que funciona un ukelele con el fin de hacer el acto de tocar más simple en la naturaleza. Las cajas de acordes tienen tantos beneficios. Uno de estos beneficios será que se utilizan para asegurarse de que sus dedos golpean los botones y cuerdas derechas.

Las cajas de acordes se componen de dos tipos de líneas. Estas son las líneas verticales y horizontales. Las líneas verticales son las cuerdas que están presentes en el ukelele. Las líneas horizontales, por otro lado, son líneas que representan los trastes, que están en el ukelele. Para ayudarle a entender mejor, echemos un vistazo más de cerca a los acordes y cómo funcionan.

Los acordes principales

Los acordes principales son unos siete en número, y todo comienza con ellos. Lo son; A, B, C, D, E, F, G (la, ti, do, re, mi, fa, so). Entre ellos, los más significativos son A, C, D, E, F y G. El acorde B no se utiliza tan a menudo como los otros, especialmente porque no es fácil de tocar. El acorde E tampoco es fácil de tocar, pero se encuentra la mayoría de las canciones. Estos acordes son muy importantes, ya que representan cuatro teclas diferentes en las que puedes tocar. Le permite reproducir canciones con modulación. Las cuatro teclas son C mayor, G mayor, F mayor y G menor.

Los acordes principales consisten en sólo tres notas, aunque esto no suena lógico ya que va a rasguear las cuatro cuerdas. Cuando se toca un acorde principal en el ukelele y se está rasgando cada cuerda, en realidad son tres notas que se están reproduciendo porque dos notas son lo mismo; por lo tanto, una de las notas se toca dos veces.

El acorde menor

Los acordes menores se utilizan con frecuencia. Tienden a dar a una canción una sensación de intimidad, a diferencia de los acordes principales que son de alto tempo y en su mayoría dan una sensación de felicidad. Los más importantes para aprender, especialmente cuando uno está empezando, son Am, Dm y Em.

Los acordes séptimos

Los séptimos acordes suelen añadir una sensación funky y excéntrica a una canción y a menudo se utilizan en la música soul, el jazz y las canciones de la zona alta. Los séptimos acordes se pueden utilizar para improvisar, especialmente cuando se trata de darle vida a las cosas y hacer que una canción suene más interesante. Aunque algunas personas discuten sobre la importancia de los acordes, son acordes muy vitales para aprender, y son fáciles de tocar también. Los séptimos acordes son hasta doce en número. Son C7, C/Db7, D/Eb7, D7, E7, F7, F-/Gb7, G7, G-/Ab7, A7, B7 y A-Bb7. Los acordes séptimos a veces se conocen como acordes dominantes.

El acorde C

El acorde C es uno de los primeros acordes que casi todo el mundo aprende como principiante. Es bastante fácil de tocar y pone énfasis en la tecla C, que resulta ser una de las teclas más simples para tocar. El acorde C consta de las notas, C, E y G. Estas notas son las tres cuerdas superiores en el ukelele. Es importante tener en cuenta que las cadenas G, C y E tienen 0 en la parte superior de ellas, lo que implica que no tiene que preocuparse en absoluto. Para reproducir la C mayor en el ukelele se compara con un chasquido, sólo tiene que mantener presionado el tercer traste en la primera cuerda y rasguear en las cuatro cuerdas. Esta nota se suele tocar con el tercer dedo, aunque las notas se pueden reproducir de la manera que uno desee, siempre y cuando tenga las notas C, E y G.

La variación del acorde C
Al hacer una variación, colocará su mano en el séptimo traste de la cuerda inferior en lugar de colocar su tercer dedo en el tercer traste de la cuerda inferior. En este caso, en lugar de duplicar la nota C, duplicaremos la nota E. Esto da una variación resonante. Puede reproducir esto en lugar de la C normal con el fin de dar una dimensión diferente.

Al intentar otra variación, coloque el dedo índice en el séptimo traste de la cuerda C y luego coloque el dedo medio en el séptimo traste de la cuerda A y el dedo anular en el octavo traste de la cuerda C. Es esencial dejar la cuerda G sin preocuparse, especialmente si usted está tocando una forma de acorde G en el séptimo traste. Strum hacia abajo y escucharlo; te darás cuenta de que estás tocando el acorde C de nuevo, aunque con una sensación diferente a él.

El acorde F
El acorde mayor F es más fácil de tocar en el ukelele que en la guitarra. El segundo dedo se coloca en el segundo traste de la cuarta cuerda mientras que el primer dedo se coloca en el primer traste de la segunda cuerda y luego se rasga las cuatro cuerdas.

El acorde F tiene los siguientes intervalos, I, III y V. Las notas de los acordes F son las notas F, A y C. El acorde mayor F se puede encontrar en casi todos los géneros de música. Es un componente de las tríadas básicas. Una de las características del acorde mayor de F es que tiene un sonido feliz y por lo general forma la base para la creación de otros acordes complejos.

El acorde D

El acorde Dm, también conocido como acorde menor D, es muy parecido al acorde F. Uno puede trastear el acorde D colocando el dedo índice en la cuerda E y luego inquietando la cuerda G con el dedo medio en el segundo traste. Por último, en el segundo traste, inquieta la cuerda E con el dedo anular.

El acorde G

El acorde G mayor de un ukelele tiene la forma del acorde mayor D de una guitarra. Para tocar la G mayor, coloque el dedo índice en el segundo traste de la tercera cuerda, el dedo anular en el tercer traste de la segunda cuerda y el dedo medio en el segundo traste de la primera cuerda y luego rasguee las cuatro cuerdas.

El acorde A

A-Menor

El acorde A menor es bastante fácil de tocar. Normalmente se juega con el dedo medio/segundo. Para tocar el A menor, mantenga presionado el segundo traste de la cuarta cuerda y rasguee las cuatro cuerdas. El acorde A menor es un acorde de tríada y tiene intervalos, A (T), C (3m), E (5j) con afinación estándar G, C, E y A.

A-Major
Tocar el A-major también es similar a tocar el A-minor. También se juega con el dedo medio. Coloque, el dedo medio en el segundo traste de la cuarta cuerda y luego, coloque el dedo índice en el primer traste de la tercera cuerda. A continuación, rasguear las cuatro cuerdas en el ukelele para obtener el acorde mayor A.

El acorde E
El E-chord es un acorde relativamente difícil de tocar para el reproductor de ukelele, pero es esencial para el reproductor de ukelele para aprender, especialmente porque se encuentra en muchas canciones populares. El e-chord requiere que la mano y los dedos del jugador se coloquen de una manera incómoda. El E-chord tiene muchas variaciones, aunque la mayoría de los jugadores prefieren tocar el acorde 1402 porque es más fácil que el típico E-chord en el ukelele. El E-chord original tiene su acorde de texto como 4442. Aprender diferentes alternativas hace que uno libre de una forma particular de tocar el acorde; usted tiene la libertad de elegir qué variación le conviene.

Tocar el acorde E
Coloque el dedo índice en el segundo traste en la primera cuerda y luego coloque el dedo medio en el tercer traste de la segunda cuerda. A continuación, coloque el dedo anular en el cuarto traste de la tercera cuerda y luego rasguee las cuatro cuerdas.

Las variaciones de acordes E

Una variación para tocar el acorde E es la versión con barras. Esto es principalmente para el reproductor de ukelele avanzado, ya que exige presión adicional. Muchos jugadores de ukelele prefieren la versión de la barra sobre la colocación incómoda de las manos requeridas por el acorde E original.

La primera variación del acorde E

Para reproducir esta variación de acorde E, coloque el dedo medio en el cuarto traste de la cuerda G superior y luego coloque el dedo anular en el cuarto traste de la cuerda C y, por último, coloque el dedo índice en el segundo traste de la parte inferior de la cuerda A y deje la cuerda E anillo abierto.

La segunda variación del acorde E

La segunda variación requiere que el jugador realice una versión con barras del acorde E colocando el dedo índice en cima de la cuerda G, la cuerda C y la cuerda E en el cuarto traste. A continuación, coloque el dedo meñique en el séptimo traste de la parte inferior de la cuerda A.

La tercera variación del acorde E

La tercera variación es la más popular y también es una versión prohibida. Se realiza colocando el dedo índice en las cuatro cuerdas en el segundo traste y luego colocando el dedo anular en la parte superior de la cuerda G, la cuerda C y la cuerda E en el cuarto traste, realizando así una versión con barras.

La cuarta variación del acorde E

Aunque la cuarta variación es la misma que la tercera variación, su posición de la mano de traste es diferente. Para tocar la cuarta variación en el acorde mayor E en el ukelele, coloque el centro del cuarto traste de la cuerda G superior, el dedo anular en el cuarto traste de la cuerda C luego coloque el dedo meñique en el cuarto traste de la cuerda E y por último coloque el dedo índice en el segundo traste de la parte inferior de la cuerda A.

Acorde E y colocación de la mano

El ángulo en el que colocas la mano izquierda o la mano que produce los acordes tiene un impacto importante en la simplicidad o dificultad de tocar el acorde E. La mayoría de los jugadores de ukelele sostienen sus instrumentos con la mano izquierda hacia arriba y el cuello del ukelele colocado en la parte superior de la palma de la mano. Dado que la mayoría de los jugadores de ukelele sostienen sus instrumentos de esta manera, por lo general tocan los acordes en consecuencia con sus manos en la misma posición. Es digno de notar que cambiar la posición o el ángulo de la mano izquierda cambiará todo. Otro ángulo para colocar el ukelele es mantenerlo a 180 grados en lugar de en un ángulo de 90 grados. Hace que sea más fácil mantener los dedos en el posicionamiento incómodo del acorde E. En algún momento, durante el proceso de aprendizaje tocando el acorde E, esto puede ser bastante difícil para cada jugador de ukelele. Localizar la variación que funciona bien para usted es muy vital. El acorde que viene antes o después del acorde E también es un factor determinante en lo fácil o difícil que será tocar el acorde E. Si el acorde que viene antes del acorde E hace que sea difícil de transición, entonces sería mejor tocar otra variación del primer acorde con el fin de hacerlo más fácil. La práctica hace al maestro.

Elaborar notas en el acorde
Hay alrededor de doce notas disponibles, a partir de entonces los tonos se repiten en una octava más alta. En la música occidental, cada nota se considera un semitono, y dos semitonos hacen un tono completo. En el ukelele, esto se traduce en trastes. Cada traste es también un semitono, y dos trastes son iguales a un tono entero. La fórmula que se aplica para construir una escala principal es la siguiente; entero, entero, medio, entero, entero, la mitad. Los acordes principales a menudo se construyen a partir de la nota raíz (la nota raíz lleva el mismo nombre que el acorde), el tercero principal y el quinto. Esto daría C, E y G si estuviéramos construyendo un acorde mayor de Do.

Más Strumming
Ahora que hemos terminado con acordes, tenemos que echar otro vistazo al rasgueo. Las cosas sobre la música y todos los instrumentos musicales serán el acto de seguir los ritmos. Con los ritmos, la música es tan buena como inexistente. Por lo general, verá que los ritmos de una canción son normalmente 4/4.

Las palabras, que se dicen en las canciones, generalmente encontrarán su camino en sus respectivos ritmos, y es su deber tomar nota. Ahora el trabajo duro aquí es que usted tendrá que empezar a colocar los dos elementos importantes juntos. Tendrás que cantar tu canción mientras tocas junto con tus canciones. Esa es realmente la mejor manera de aprenderlo. Por ejemplo, al tocar, rasguea cuatro veces cuando estés frente a las líneas que componen la melodía. Mientras lo hace, tómese su tiempo para cantar mientras hace esto. Por ejemplo, si decides cantar tu barco, la primera nota, que tendrás que tocar, será la C.

Para ayudarle a obtener una comprensión más clara de este concepto, es posible que le resulte útil agregar videos de expertos junto con este libro para entenderlo mejor.

Práctica y más práctica

Lo que pasa con aprender a tocar cualquier instrumento musical es que simplemente no puedes aprender a tocarlo en un día. Tendrás que practicarlo todo. Para ayudarle a entender esto mejor, hablaremos más sobre la práctica y cómo puede usarlo para obtener más experiencia en el capítulo seis de este libro. Así que todavía allí, vamos a seguir aprendiendo.

Cantar con acordes

Así que mientras intentas progresar, trata de seguir mejorando en términos de tus acordes. La verdad es que la única manera de progresar es si aumentas el número de canciones que puedes tocar con tu ukelele. Es importante tener en cuenta que no todas las canciones son iguales. La diferencia entre las canciones cuando se trata de ukelele será con los acordes. Mientras que algunas canciones tendrán que ser reproducidas con un solo acorde, otras necesitarán mucho más.

Por lo tanto, será prudente y recomendado para tomar tiempo para aprender a cantar más canciones con acordes diversos. Eso le ayudará a seguir aprendiendo a tocar y controlar el ukelele con la mínima facilidad.

¿Es difícil tocar al ukelele?

Ahora, después de ver todo lo que se ha descrito, la verdad es que usted podría sentir que tocar el ukelele será terriblemente difícil. Sin embargo, este no es el caso. De hecho, hay muchas razones por las que deberías estar motivado. Considere algunas de las razones;

Aprender canciones es fácil

La verdad es que con el ukelele, aprender a tocar canciones es bastante fácil. De hecho, muchas personas han afirmado que puede tomar te tan poco como 3 minutos para entender y aprender a tocar tu primera canción con el ukelele. La verdad es que debido a que el ukelele es fácil de aprender, más rápido será cuando usted está tratando de aprender nuevas canciones.

Muchas personas también han encontrado que el ukelele, en comparación con otros instrumentos musicales, siempre saldrá en la parte superior en los instrumentos más fáciles de aprender como un principiante. Por lo tanto, si usted está utilizando el ukelele por primera vez, usted no debe tener ningún problema para aprender mucho. 3 acordes en el ukelele pueden asegurar que aprendas una multitud de canciones. Así que trata de no preocuparte.

Divertido y más divertido

Con el ukelele, es más fácil tocar y disfrutar de su juego por completo. De hecho, para la mayoría de las personas, tocar el ukelele se ha descrito de la misma manera que tocar un deporte. La pura diversión de tocar un deporte que amas es la sensación que tendrás cuando amas y estás dispuesto a tocar el ukelele.

Así que si quieres ver la parte fácil de tocar el ukelele, es vital que tomes el ukelele como un deporte o una actividad divertida. Asegúrate de que estás decidido a seguir jugando y haciéndolo de forma consistente. Además, asegúrate de practicar muy bien. La verdad es que los rasgueos que el ukelele es capaz de producir te dejarán cautivado y queriendo más. ¿La llave? Sólo asegúrese de que usted está enfocado y se está divirtiendo en el camino.

Los niños pueden incluso tocar

Si usted estaba teniendo problemas para tocar que el ukelele es más fácil de tocar, entonces probablemente debería considerar esto. El ukelele es jugado por incluso los niños. Todo lo que tienes que hacer es ver videos que han sido publicados en las redes sociales. Hay tantos jóvenes que están encontrando bastante fácil tocar el instrumento. Entonces, ¿por qué no puedes?

No son sólo los niños o jóvenes a los que les resulta fácil tocar al ukelele. También hay pruebas abrumadoras de que otro grupo de personas que también están encontrando gozo con el ukelele serán los ancianos o miembros mayores del país. Así que si pueden hacerlo o encontrarlo agradable, entonces la verdad es que también puedes hacerlo. Todo lo que se necesita es sólo un poco de esfuerzo. Aún así, ¿necesitas más motivación? A las celebridades también les resulta fácil aprender el ukelele a pesar de sus apretadas agendas. Un ejemplo de esto será Dwayne Johnson.

Por lo tanto, si alguna vez sientes que el ukelele es demasiado difícil de entender o estás a punto de rendirte, eso puede darte el impulso necesario que podrías necesitar.

Pocos acordes hacen una inundación de canciones

¿Estás buscando aprender muchas canciones con el ukelele? Si lo fueras, entonces te complacerá saber que puedes lograr esto sin tener que ser la prueba de todos los acordes que están en tu ukelele. Todo lo que tendrá que hacer es asegurarse de que conoce algunos acordes importantes. A continuación, practicar algunas canciones que coincidan con la canción.

Lo que debe tener en cuenta al tocar Ukelele

Por lo tanto, estamos cerca del final de este capítulo. Sin embargo, antes de irnos, nos gustaría decirle algunas cosas valiosas, que debe tener en cuenta mientras juega el ukelele. ¿Te gustaría averiguarlo? Estos son algunos de ellos;

Lleva tiempo

Sí, la alegría de tocar el ukelele combinado con el número de videos que ves de las personas que tocan el instrumento podría crear la necesidad de que realmente toques el instrumento musical. Si bien esto es muy encomiable, también puede tener consecuencias que no se tuvieron en cuenta. Es posible que empieces a sentirte presionado para aprender y tocar el instrumento de ukelele. También podrías sentirte deprimido o triste cuando cometas algunos errores.

Por lo tanto, lo primero que nos gustaría que supieras es que como todas las habilidades, tocar al ukelele no va a suceder de la noche a la mañana. Va a tomar tiempo. Mientras que otros podrían ser rápidos para aprender nuevas habilidades, esto podría no ser lo mismo para usted, y eso está bien. Eventualmente, con un trabajo duro constante, seguramente podrás reproducir cualquier canción de tu elección.

Va a ser divertido
La diversión es lo que esperamos lograr cuando tengamos un nuevo hobby. Sería desastroso que haber desarrollado un nuevo hobby, que requiere mucho más trabajo duro y no es divertido. Con el ukelele, usted puede estar seguro de que usted tendrá ninguno de esos problemas. Hay tanta emoción y la sensación de aventura que hará que el proceso de aprendizaje sea perfecto para usted.

Así que prepárate y prepárate para aprender cosas que nunca pensaste que podrías comprender de maneras que son bastante relajantes, por decir lo menos.

Aprender bien y a fondo
Ahora, el aprendizaje tiene diferentes etapas. Muchas personas de hoy en día generalmente se sentarán cuando se trata de aprender

después de haber aprendido los conceptos básicos. Sin embargo, creemos que tocar al ukelele es mucho más que eso. Hay tantas cosas, que se pueden aprender a largo plazo cuando se toca el ukelele. Además, hay tantas maneras en que su carrera puede dar un paso adelante.

Por lo tanto, asegúrese de aprender a tocar el ukelele a fondo y excelentemente. Esto le permitirá adquirir experiencia práctica y llevar su aprendizaje al siguiente nivel cuando esté listo. ¿Te preguntas cómo puedes obtener una valiosa experiencia? Lo discutiremos en su totalidad en el capítulo seis. Por ahora, sin embargo, usted puede estar contento con el progreso que ha hecho

Conclusión

Ha sido un gran capítulo, ¿no crees? Hemos aprendido sobre las diversas formas en que el ukelele es especial y único de todos los demás instrumentos. También hemos aprendido exhaustivamente cómo podemos tocar el ukelele y tocarlo. Pero no nos detuvimos allí. También aprendimos acerca de las muchas razones por las que no debería tener preocupaciones de que el ukelele es difícil de tocar. De hecho, es uno de los instrumentos musicales más fáciles de tocar. Por último, discutimos algunas cosas, que debe tener en cuenta cuando se está tocando el ukelele.

El siguiente capítulo nos verá discutir un poco más sobre acordes y también tocar otros aspectos como canciones populares en las que podemos centrarnos. Al final del capítulo, usted debe tener un conocimiento valioso sobre cómo funciona un ukelele. ¿Listo para seguir adelante? Veamos lo que el próximo capítulo tiene para nosotros.

Capítulo 4

Aprender Los Acordes de un Ukelele

Introducción

Como un principiante tratando de aprender el hermoso instrumento conocido como el ukelele, es muy importante entender los acordes y lo que pueden hacer, así como lo que no tienen nada que hacer. Los acordes son muy importantes cuando se trata de crear una buena melodía, y cualquier cosa que no se hace correctamente puede resultar en un sonido completamente diferente en general. Cuando toques tu ukelele, descubrirás que es un instrumento muy ligero y delicado también. Las cuerdas no son difíciles de manipular, y viene en un montón de formas para su conveniencia, por lo que conseguir el que más se adapte a usted también mejorará la forma en que domina jugando el ukelele.

El ukelele es un instrumento musical muy famoso que muchos entusiastas han estado esperando conseguir en sus manos gracias al hermoso sonido que crea y aunque todavía se conoce como un instrumento musical de la firma de Hawái, más y más personas a lo largo de los años han llegado adoptar este instrumento musical como fuente de relajación.

El ukelele tiene el poder de calmar a cualquiera que lo toque y sacar una sensación de felicidad, por lo que aprender los acordes puede permitirle lograr todo esto de manera eficiente y sin ningún problema. Al igual que todos los instrumentos musicales que hay en el planeta, hay algunas cosas que necesitan ser aprendidas para que pueda ser un maestro en el juego. Estas cosas, como acordes, canciones y notas, nunca deben darse por sentado incluso para el ukelele. Te permiten tocar al contenido de tu corazón mientras animas a otras personas a mirar en el instrumento y quieren tocar también.

Aprender a tocar el ukelele es una experiencia divertida y no debería ser de otra manera. Es algo para darle un descanso al final de un largo día y debe actuar como tal. También debe recordar no exagerar y practicar tanto como sea posible. La práctica es perfecta después de todo, y no importa cuánto tiempo, pero qué bien. Tome aprender a tocar el ukelele como un principiante un paso y un tiempo, por lo que no te abruma por completo.

Aprender a tocar los acordes del ukelele puede ser un poco confuso para mucha gente, y es por eso que hemos reunido parte de esta información útil para ayudarle a aprender los acordes y producir música hermosa para los oídos y corazones.

Los diversos acordes de un ukelele y cómo afectan a su obra

Como todos sabemos, la música ha existido durante muchos años, incluso antes de que naciéramos y estará por aquí mucho después también. Hay un montón de pensamientos sobre cómo la música llegó a dar forma al mundo y cómo es visto como un lenguaje universal. Hay muchos instrumentos musicales, que nos ayudan a lograr todo esto y mucho más, ya que la música tiene mucho significado. Puede ser triste, feliz, alegre y esclarecedor al mismo tiempo, y todo depende de cómo se juega. Puede ser profundamente emocional y juguetón, y se ocupa de patrones consistentes, y cuando conocemos estos patrones, podemos producir casi cualquier sonido o emoción que esperamos.

Un buen instrumento para expresar tales emociones es el ukelele, y al aprender estos acordes de ukelele, pueden afectar el tipo de música que tocas, y te permiten tocar música hermosa y expresar información mientras impresionas a tus amigos y familiares.

Antes de conocer los acordes del ukelele y cómo pueden afectar a su música, hay pasos para asegurarse de que la música va bien. Una cosa muy importante a aprender es afinar su ukelele para producir mejores sonidos para usted como principiante.

No importa el progreso que estés haciendo como un jugador de ukelele, afinar tu ukelele hace que sea todo lo más fácil para que aprendas tus acordes. Poner completamente todo su esfuerzo en sus acordes sin la afinación adecuada todavía puede hacer que suene fuera de tono, incluso si conoce todos los acordes de ukelele. Así que saber afinar su ukelele debe ser lo primero en su mente. Su ukelele se puede ajustar de diferentes maneras y aquí hay algunas maneras en que puede hacer esto:

Lo primero que necesita saber es los conceptos básicos de ajuste de cuerdas. Y eso es G - C – E – A. Como se puede ver, va de menor a mayor, y el cuarto colgado que se afina es el G. La tercera cadena está sintonizada C, y la segunda se afina E con la primera que se afina es A.

Es importante saber que la afinación de su ukelele debe depender de su tamaño. Vienen en cuatro tamaños diferentes, que son el Tenor, Barítono, concierto y soprano.

Tres de estos ukuleles excepto el Barítono tienen el patrón de afinación de D-G-B-E. Así que si usted tiene su ukelele sintonizado como se mencionó anteriormente, usted no tiene nada de qué preocuparse, ya que está en el camino correcto. Esta es una afinación estándar que es popular entre una gran cantidad de jugadores, tanto guitarristas y jugadores de ukelele como.

Otra forma de afinar su ukelele es mediante el uso de un afinador electrónico, y se considera una de las formas más fáciles y sencillas de afinarlo. Esto se considera una manera perfecta de afinar su ukelele como un principiante, y si la primera manera no le parece correcto, esto debe.

Puede hacer uso de su teléfono inteligente para este paso, y todo lo que necesita es una aplicación. Usted debe evitar los sonidos en un ambiente ruidoso, pero eso no impide que sea muy conveniente.

También puede probar el método de uso de abrazaderas de sintonizador clip-on. Funcionan un poco diferente del uso de una aplicación porque no se puede detectar el tono con el uso de un micrófono, sino a través de vibraciones de los clips presentes en el cabezal de un ukelele.

La ventaja de usar estos clips es que no tienes que preocuparte por el ruido que te rodea cuando estás afinando tu uke. Puede hacerlo en cualquier habitación independientemente del ruido y sin preocupaciones. También puede hacer uso de un sintonizador eléctrico para su ukelele enchufando a un afinador de pedal.

Otra forma de afinar su ukelele es a un piano, y también es un método muy simple y fácil, aunque podría tomar un poco de acostumbrarse a algunas personas, especialmente aquellos que nunca han tocado el uke antes. Si nunca has tocado el piano ni el ukelele antes, es posible que no tengas suficiente experiencia para este tipo de afinación.

Para esta afinación, G CE A se utiliza como sol do mi la, y al afinar el piano, utilice el medio C para comprobar si suena igual que la C en su uke. Cuando eso se hace, omita una clave, y la que sigue es la E. Ahora, usted debe saltar otro, y el siguiente es el G con el derecho al lado de que es una A.

La última forma de afinar su uke es afinando a sí mismo, y por lo general se considera como una forma menos precisa de afinar su ukelele, pero si usted está practicando solo, y necesita para tocar el ukelele sin un afinador, esta es una buena manera de hacerlo. Todo lo que necesita hacer es comparar melodías que son similares a diferentes cuerdas, así como trastes entre sí. Esta es la razón por la que no se considera la forma más precisa de afinación.

Cuando esto se hace, usted puede aprender fácilmente sus acordes y suena mucho mejor sin esforzarse demasiado.

Progreso de acordes
La progresión de la escala musical es diferente en varios lugares y en el sistema occidental.

Una escala hace uso de los diversos sistemas, también conocidos como temperamentos iguales. Este tipo de sistema de ajuste permite que el intervalo de frecuencia presente en dos notas adyacentes tenga relaciones similares. Los principiantes que aprenden el ukelele o cualquiera que lo toque estará interesado en saber que el sistema occidental es lo que se utiliza para el instrumento, ya que vino por primera vez de la línea musical europea. Fue introducido en Hawái por los viajeros portugueses antes de que se conociera como el instrumento musical característico de la isla después de ser utilizado para entretener a la realeza.

En la tradición musical occidental, estos acordes son la base y la base de la creación de armonía. Esto significa que la progresión de acordes es una sucesión de varios acordes musicales que se construyen sobre una nota en esta escala musical. Pueden pertenecer a varias categorías, que incluyen mayores, menores de edad y disminución.

Progresiones de acordes en un ukelele

Las progresiones de acordes pueden ser fácilmente comprensibles poniéndolas en varias teclas. Diferentes teclas pueden producir diferentes sonidos y estados de ánimo de una pieza musical. Entonces, ¿cómo sabes los acordes que pueden afectar el tipo de música que tocas?

El acorde C no da ninguna forma o planos, y también es la clave de invitado que probablemente se le presentará. La gente que toca el piano podría estar más familiarizada con esto.

Los acordes en la clave de C incluyen

C mayor

D menor

E menor

F mayor

G mayor

Un menor

B disminuido

Otras teclas principales, como la G mayor, siguen los mismos patrones también. En ella, las notas 1a, 4a y 5a corresponden a los acordes principales, mientras que luego las notas 2a, 3a y 6a corresponden a los acordes menores con la 7a disminuida.

Una clave secundaria tiene patrones como;

Menor

Disminuido

destacado

Menor

Menor

destacado

destacado

Para entender todas las órdenes de cada acorde generalmente requerirá un aprendizaje más profundo de la teoría musical. Pero si no puedes entenderlos a todos, aquí están los acordes básicos y cómo afectan a tu música como un principiante del ukelele.

Los acordes suelen moverse en patrones diferentes pero predecibles, y si sabes cómo van estos, puedes reconocerlos fácilmente cada vez que lo escuches en una canción, y generalmente es más fácil tocar el ukelele y tocar cualquier música que quieras, desde el rock hasta el jazz y el soul etcetera.

Jugando y entendiendo el ukelele con números.
Antes de entrar en los números, que incluyen I-vi-ii-V en su ukelele, es extremadamente importante aprender y entender el sistema de números. Muchos músicos explican una progresión de

acordes a través del uso de numeración de los acordes en lugar de darles nombres con letras. Esto se debe a que los números se relacionan fácilmente con la escala de las claves dadas. Por ejemplo, el I es el C mayor con C siendo I y Dm es ii. E mayor es el iii y F es IV, y así sucesivamente.

Los números romanos de mayúsculas se utilizan para representar los acordes principales, mientras que las minúsculas se utilizan para representar a los menores. Una ventaja añadida al estado numérico es que ayudan a entender la progresión en términos de saltos de intervalo. Por ejemplo, es más fácil saber cuándo vas de I a V o cuando vas de I a VI. Todos ellos producen diferentes sonidos en su ukelele, y una vez que entienda estos acordes en números y letras, usted entenderá cómo funcionan las canciones y cómo incluso componer sus propias canciones en un ukelele.

Diferentes progresiones de ukelele pueden darle diferentes estados de ánimo, y aprender con números puede ser una manera muy ordenada de aprender sus acordes de ukelele y saber cómo afectan el estado de ánimo de su música.

Tocar los acordes E
El acorde E se considera un acorde muy difícil de tocar en un ukelele, e incluso si lo evitas tanto como sea posible, tarde o temprano, tendrás que enfrentarlo y aprenderlo a tocar ciertas canciones. ¿Cómo puedes manejar eficazmente el acorde E?

La primera forma:

El dedo (índice) debe ser a través del 2o traste de la cuerda A y el dedo (medio) en el traste de la cuarta de la cuerda G. El dedo anular debe ser a través del 4o traste de la cuerda G con el meñique a través del 4o traste de la cuerda E.

Aunque una gran idea sobre cómo tocar la forma de acorde e es que tienes los dedos encajando en un poco de espacio.

Otro método para reproducir esta forma es descansar el dedo a través del 2o traste de la cuerda A, como se explicó anteriormente, pero tendrá que barrer los otros tres zancudos usando un solo dedo. Aunque puede ser muy difícil de tocar, especialmente para principiantes, suficiente práctica es suficiente para que sea mucho más fácil para usted.

Estás jugando a la segunda forma, que también se conoce como The Double up. En esta forma, es necesario colocar el dedo (índice) a través del 2o traste de la cuerda A y el dedo (medio) en el 4o traste de la cuerda G y C con el dedo anular a través del 4o traste de la cuerda E.

Aunque puede que algún tiempo para aprender la colocación de los dedos de tales maneras, dominar esta forma en particular es mucho más fácil que tener que barrer 3 cuerdas para un montón de personas.

Cuando los intentas, también decides tocar esto como tu tercera forma si no puedes venir a tocar a los otros dos.

El dedo índice debe abarbarcarse en el cuarto traste de todas las cuerdas y el dedo meñique en el séptimo traste de una cuerda A. Esto requerirá mucha práctica, especialmente cuando se trata de tener que abarbarbargar las cuerdas, pero podría ser mucho más fácil, ya que parece que el acorde C se mueve hacia arriba por una cuerda.

Cuando aprendes el acorde E, los otros acordes se consideran mucho más fáciles de aprender, y puedes tocar muchas canciones sin tener que usar el acorde E, pero tarde o temprano, lo necesitarás para un montón de canciones más difíciles de tocar en tu ukelele.

El acorde E podría ser considerado horrible y duro para mucha gente, pero no debe omitir aprenderlo como un principiante, o usted podría ser mucho más perezoso y reacio a aprenderlo en el futuro y terminar saltando siempre que podría afectar a algunas canciones que necesita para tocar que Requiere.

Acordes y canciones

Como principiante, cuando empiezas a tocar el ukelele, podrías estar un poco demasiado abrumado al principio, y si solo estás tocando un instrumento por primera vez, podría ser peor. Hay un montón de implicación tocar un instrumento musical. Usted dio a sentir el ritmo para dar un buen juego y también entender el concepto de rasgueo, tablaturas, y también sometido a dedos dolorosos de vez en cuando. En el ukelele, hay un montón de acordes, y diferente era de tocarlos. Aunque usted podría encontrar un gráfico de acordes sobre cualquier lugar, usted debe saber cómo cada sonido que desea producir puede ser muy afectado por el acorde de su elección. Hay más de 100 tareas principales, y usted necesita entender todos los acordes mayores y menores en un ukelele.

Acordes mayores en un ukelele
Los acordes principales en un ukelele todos comienzan con los primeros siete, que son A B C D E F G (La Ti Do Re Mi Fa Sol).

Ahora estos son extremadamente importantes, pero lo más importante que aprenderás es todo excepto B. También debe tener en cuenta que el acorde B no es exactamente el más fácil de tocar y el acorde E es uno de esos que no es fácil de tocar, así, pero es esencial para un montón de canciones.

Acordes menores en un ukelele
Los acordes menores vienen a continuación en un ukelele, y hay acordes menores que tienen el poder de dar a un canto un sonido muy íntimo y sensación. Tienden a ser más felices gracias a sus sonidos up-tempo. Para poder lograr este sonido en tu ukelele, es muy importante aprenderlos. Los importantes para empezar incluyen los acordes em, dm y Am.

Séptimo Acordes en un ukelele
Los séptimos acordes en un ukelele también son muy importantes al tocar el ukelele y te dan las mejores canciones que puedes tocar cuando comiences tus clases de ukelele. No son del todo difíciles

cuando tocan el ukelele wither, y te dan una sensación funky, así como un tono de jazz. Estos se utilizan muy bien en el jazz, canciones de la zona alta, y el soul. Es importante aprender todos estos acordes para que puedas ser muy flexible. Aprender estas canciones te da una ventaja, ya que puedes tocar y cambiar en cualquier momento. Usted le está dando la oportunidad de reproducir mejores y más canciones interesantes.

¿Qué tal aprender canciones?

Cuando empiezas a tocar el ukelele, lo más probable es que hayas hecho tocar más duro, y las canciones más interesantes que las que sientes que son bastante infantiles te hicieron tocar. Un buen ejemplo de esto será el más común "María tenía un corderito", que cada principiante en el aprendizaje de un instrumento es aficionado a tocar. Aunque no es una mala canción y es bastante común para los niños, no es muy animada y puede ser aburrida, así como completamente desalentadora.

Aprender un instrumento se supone que es divertido, y creemos que no hay mejor manera de divertirse que aprender una canción de ukelele, así como acordes de nuevo. El ukelele es considerado uno de los instrumentos más fáciles de aprender, y tiene una lista de canciones muy interesantes que se pueden tocar incluso como un principiante. Con el aprendizaje de sólo unos pocos acordes en un ukelele y abrazar los diferentes patrones llamativos, se puede estar tocando el ukelele perfectamente en poco tiempo. También tienes grandes canciones a tu disposición y muchas maneras de complacer a los oídos de todos los que escuchan.

Los cuatro acordes básicos con los que debes empezar cuando empieces a tocar uke en la vida el A menor, C, G y F.

C, Am, F, G en un uke

Estos no son acordes difíciles de tocar, y son fáciles de buscar y aprender. Es importante conocer el Menor A, y la C hace uso de sólo un dedo, y cuando se trata de una F, se puede añadir otro dedo como hace uso de dos. El acorde G es uno de los acordes más fáciles de hacer en un ukelele, y puede sencontrar más fácil de hacer que un montón de otros acordes. Las personas que tocan guitarras vendrán a ver las similitudes entre él y un acorde D.

Cuando aprendes todos estos acordes, te resultará más fácil tocar muchas canciones de ukelele. Incluso las canciones más populares y ampliamente conocidas estarán a su disposición para tocar. También es muy importante entender el concepto de paso. Los patrones De Ming y los tutoriales en vídeo pueden ayudarte a lograr todo esto y mucho más. Usted puede optar por hacer su patrón de rasgueo más simple, o puede optar por hacerlo más complejo e intenso, ya que esto depende de las canciones, así como de su estado de ánimo.

Para empezar, puede elegir comenzar su rasgueo a través de un simple rasgueo de descenso por downbeat. Esto es cuando tocas ligeramente el ritmo de la canción al de tus pies. Un downbeat es un proceso de que tu pie golpee el suelo. Los entusiastas del ukelele que tienen un poco más de experiencia pueden decidir probar otros patrones de rasgueo, como el patrón de cuerda sincopada, que incluye tanto golpes ascendentes como rasgueos optimistas. Hacer todo esto es suficiente para que te prepares para empezar a tocar diferentes canciones en tu instrumento.

Estos son acordes básicos que son esenciales para todos los principiantes ukelele para empezar y por buenas razones, también, porque pueden tocar un montón de canciones con estos acordes. Por supuesto, hay margen de mejora, y ahí es donde practicar cada vez que se puede ir un largo camino. Si usted está familiarizado con más acordes que se han mencionado anteriormente, entonces usted está en la pista correcta, y usted tiene que tener en su mente en todo momento que la transposición de una canción es posible en otros para producir una clave diferente y también es más fácil de hacer.

Cómo tocar acordes de ukelele (C F Am)
Ahora sabes que puedes tocar una lista interminable de canciones con sólo el conocimiento de unos pocos acordes de ukelele, ¿cómo lo haces y cómo se tocan cada uno de estos acordes para lograr el efecto requerido?

El Comandante En Do
Esto se juega simplemente poniendo su anillo ding en el 3er traste presente en su cuerda (generalmente el primero). La razón por la que debe hacer uso de un dedo (anillo) es que usted tiene la oportunidad de que fácilmente cambiar a Am, F, y G.

El G Mayor
Para tocar esto, es necesario fijar su tercer dedo a la derecha en el traste de la segunda primera cuerda. A continuación, utilice el dedo

(índice), normalmente el 2er traste de la 3a cadena. Por último, pones los dedos o las manos en el traste de la 3a 2a cuerda.

The A Minor
Este es uno de los acordes más fáciles de tocar si no es más fácil. Todo lo que necesita para esto es un dedo, y es necesario colocar ese dedo, preferiblemente su dedo medio, en el 2o traste de la 4a cuerda.

The F Major
Para este acorde, es necesario fijar su tercer dedo de una manera similar a la A menor y en el 2o traste de la 4a fuerte. Luego pones el dedo (índice) en el 1er traste del 3er fuerte.

Cuando aprendas todos estos acordes, tocar las canciones que se enumeran a continuación será mucho más fácil para ti. Estas son algunas de las canciones y el arreglo de acordes que puedes tocar con tu ukelele. Incluyen;

1. Rudo – Magia
Orden de acordes: también otra opción divertida para principiantes de ukelele.

    F, G, C Am.

2. Octopus's Garden – The Beatles
Orden de acordes: una opción popular entre los jugadores del ukelele.

    C, Am, F, G.

3. Ho Hey

Orden de acordes: diferentes acordes para el coro y el verso pero 3 acordes en general.

    C, F y F, G, C para coro

4. Aleluya

Orden de acordes: diferentes acordes de disposición para el coro y el verso.

    F, Am, F, Am, C, G, C. Para acordes de verso C, Am, C, Am, F, G, C.

5. Hey Soul Sisters

Orden de acordes: una canción muy fácil y divertida para tocar con solo 4 acordes en total.

    G, Em, C, D.

6. En algún lugar sobre el arco iris / Qué mundo tan maravilloso - Israel Kamakawiwo'ole

Orden de acordes: aunque hay 8 acordes en general para esta canción, no es difícil de tocar.

C, G, F Am son los acordes típicos al tocar la tecla C y E7, D, Dm7 y Em añadidos para dar una canción completa.

Estas son nuestras seis mejores canciones que puedes tocar como principiante para el ukelele, y con el menor número de acordes posible. Hay muchas más canciones por ahí para los entusiastas del ukelele, y es mejor no limitarse.

Conclusión

Aprender los acordes de un ukelele es una manera perfecta de entrar en tocar el instrumento y entenderlo mejor. Como entusiastas del ukelele, puede haber parecido difícil al principio, pero nunca rendirse y seguir practicando, y en poco tiempo, usted estará perfectamente bien con la reproducción de casi cualquier canción que se le da. Siempre hay una emoción de conseguir su primer ukelele, y puede ser completamente emocionante que no puede esperar para comenzar a tocar sus acordes casi al instante.

Es importante hacer una investigación adecuada antes de obtener su primer ukelele, y es mejor conseguir uno dentro de su presupuesto y para adaptarse a su tamaño de la mano, así para que pueda rasguear y tocar fácilmente su acorde. El ukelele es extremadamente fácil de usar y es un instrumento musical que se puede aprender a tocar en cuestión de días. El uke es completamente amigable para principiantes y también una manera divertida de ir sobre su música, y cuando se trata de aprender los acordes, nunca es demasiado joven o demasiado viejo para darle una oportunidad.

También son muy portátiles y asequibles, y cuando se trata de tocar los acordes, no tienes nada de qué preocuparte porque el ukelele tiene muchos acordes fáciles para suavizar tu experiencia. Si quieres comprar, puedes elegir los tamaños de ukelele más comunes que hay para principiantes, e incluyen el concierto, tenor o la soprano. Es importante saber que todos tienen la misma afinación; sin embargo, todos ellos tienen diferentes tamaños de cuerpo con el ukelele tenor siendo el más grande, y los rangos de precios de estos instrumentos van de $50-$100. Con estos, usted puede conseguir un buen ukelele para comenzar su viaje como un principiante y en el aprendizaje de los acordes.

Al aprender los acordes de tu ukelele, es importante escuchar estas canciones mientras las tocas. Aprender las canciones te ayuda a saber cuándo te estás apagando el tiempo y cuándo estás en el tono correcto. También puedes aprender más viendo videos de YouTube o videos virales para conocer las últimas canciones y canciones de ukelele para practicar con el fin de mejorar tus habilidades. Hagas lo que hagas, aprender los acordes es una parte muy importante de tu viaje en ukelele como. Principiante.

Aprender el ukelele se supone que es una experiencia divertida y nunca debe abrumarte, así que asegúrate de practicar tus acordes, y en poco tiempo, tú también puedes ser un profesional del ukelele y tener gente que te mira.

Capítulo 5

Canciones Que Puedes Cantar con un Ukulele

G ran. Has recorrido un largo camino. Por ahora, usted ha conseguido una buena comprensión de lo que realmente se requiere para convertirse en un buen jugador del ukelele. Al menos para un principiante. En el último capítulo, aprendimos mucho sobre los acordes y cómo un estudio cuidadoso de cómo funcionan asegurará que usted tenga una buena comprensión de cómo producir los mejores sonidos nunca.

Hablando de sonidos, sonidos son la unidad fundamental cuando se está tratando de producir canciones. Las canciones son el último y último producto de cada instrumento musical. Esto no es diferente del ukelele. Tendrás que aprender a tocar canciones. Si ya tienes curiosidad sobre cómo lograrlo, seguramente estarás feliz de saber que este capítulo permite aprender algunas de las mejores canciones que se pueden tocar con el ukelele.

¿Tienes los pies fríos? ¡No deberías! Lo tenemos cubierto. Vamos a identificar algunas de las mejores canciones que puedes cantar con un ukelele a la perfección.

Las mejores canciones para cantar con ukelele

Ahora, es importante tener en cuenta que aparte de estas canciones, hay tantas otras canciones por ahí que encajarán perfectamente con su viaje para aprender más sobre el ukelele. Sin embargo, estas canciones son una guía o un paso para aprender aún más. Estas son algunas de las mejores canciones que debeconsiderar cantar;

- **Soy tuyo – Jason Mraz (C, G, Am y F)**

Es mejor tocar esta canción sin un capo. La llave original en realidad comienza con una B mayor, que ya el segundo traste capo ha tenido.

- **Soul Sister – Tren (C, G, Am y F)**

Soul sister suena como "I'm yours", aunque el coro tiene diferentes letras y patrones. Si aprendes a transponer "Soy tuyo" a la tecla G, podrás reproducir la canción. En el acorde G, la progresión del acorde será G, Em, C y D.

El ukelele es un instrumento relativamente fácil de tocar, especialmente si el jugador ha aprendido los diversos acordes y patrones de rasgueo. El ukelele tiene varios acordes y variaciones de cada acorde también. Es muy importante aprender los acordes principales, especialmente cuando el jugador es un principiante. Estos acordes principales forman la base para cada otro acorde. Aparte del acorde B, los acordes A, C, D, E, F y G son acordes muy importantes para aprender. Las variaciones de diferentes acordes, especialmente del acorde E, es necesario para darle vida a las cosas. El reproductor de ukelele disfrutará de una variedad de canciones desde las que podrá tocar cómodamente. La mayoría de estas canciones tienen acordes repetitivos. El más común de todos ellos que aparecen en la mayoría de las canciones es el acorde C. El acorde E aunque desafiante para algunos también aparece en la mayoría de las canciones; por lo tanto es necesario para que cada jugador de ukelele aprenda y practique. La importancia de cada acorde no puede ser exagerada. Por lo tanto, el jugador de ukelele debe conocer los acordes menor, mayor y séptimo para que puedan cambiar entre acordes rápidamente.

- **Just the Way You Are – Bruno Mars (C, Am y F)**

En esta canción, Jason Mraz llegó brillante al usar una línea de ukelele y la fusionó con una melodía tentadora que sigue sonando en tu corazón después de escucharla. Cuando juegues con el capo, usa el quinto traste para el original, aunque es un poco incómodo de tocar, especialmente en un ukelele soprano. Por lo tanto, es aconsejable prescindir de un capo para este. Para los principiantes, esta es una canción bastante fácil. Desde la introducción, que es básica al patrón de rasgueo, que se reorganiza. Los acordes utilizados en esta canción se conocen generalmente como la progresión de los oldies. Esto se basa en su peculiaridad a las canciones que se hicieron en el pasado.

- **Octopus's Garden – The Beatles (C, Am, F, G)**

Octopus' Garden es una canción de rock clásico de los Beatles. Fue dirigido por el baterista del grupo, Ringo Star. Ringo es muy bueno en la batería y está bendecido con grandes cuerdas vocales, así.

Tuvo la idea de la canción en Cerdeña, donde aprendió sobre los pulpos y los capitanes que construyen desde los jardines durante un viaje en barco con su familia. Los acordes están dispuestos en este orden, C, Am, F y G. Este orden está en repetición a través de la canción.

- **Lo que Mteakes Beautiful by One Direction**

Esta es una canción muy popular. Tiene más de mil millones de visitas en YouTube. En los Estados Unidos, está certificado cuádruple platino. Es una interesante canción pop con toneladas de repetición de acordes que hace que el reproductor de ukelele disfrute tocando con los acordes.

- **Israel's Somewhere Over the Rainbow**

Esta canción no requiere un capo. Esta canción fue inicialmente titulada de manera diferente como un Ballard cantado en la película Wizard of Oz, por Judy Garland. Una versión medley fue grabada con un mundo maravilloso por Israel Kamakawiwoole. Israel grabó la canción con él cantando y tocando su ukelele. Se ha utilizado en varias películas y bandas sonoras. Al reproducir el ukelele para esto, es mejor utilizar un patrón de rasgueo simple. Para obtener la sensación real de la canción, pruebe el patrón de balanceo hacia abajo, hacia arriba, hacia arriba, hacia arriba. El orden de la canción es C, F, Am y G. esta canción tiene ocho acordes en total, los acordes normales para la tecla C (C, Am, F, G) y sólo un poco de E, Dm, D y Em para darle vida a las cosas y hacerla divertida.

- **las lágrimas de Eric Clapton en el cielo**

Esta canción fue escrita cuando el hijo de Eric, Conner, murió. No es una pieza difícil de aprender o tocar; los acordes principales son E, A, F-m, y D y con rastros de C-m. Cuando llega al puente, Clapton usa la tecla G.

- **Jack Johnson's Upside Down**

Al revés fue cantada en George curioso, que era bastante una película bastante popular. Esta canción sólo contiene cinco acordes (G, Am, C, D y Bm), y nada es muy fácil de tocar que el lead lick.

- **Prudence y paciencia esta noche nos elong**

Esta es una canción que fue producida por una banda formada por chicas conocidas como "Patience and Prudence". Se hizo popular cuando apareció en la versión de Steve Martin en la película, The Jerk. Es una de las canciones de ukelele más simples y básicas. Utiliza los acordes E, D A con un Dm y Eb en cantidades iguales. Puede ser más divertido cuando se juega con un reproductor de coronet.

- **Colbie Caillat's I Do/Falling for You**

Hay tantas canciones de este músico que es perfecto para el ukelele. Lo hago y enamorarme de ti son grandes canciones para el ukelele cuando se tocan juntos, formando lo que podemos llamar un popurrí. No es realmente una buena canción de ukelele, especialmente cuando se toca solo. "Sí" se encuentra en G y hace uso de D, G, C, D7, Am, Em, B7, y Cm. a veces, usted puede encontrar que el Cm es un poco desafiante para algunas personas. "Falling for you" está en la tecla D y usa los acordes, D, A, Em y G.

- **Achy Breaky Heart – Billy Ray Cyrus**

Este clásico country fue interpretado por Billy Ray Cyrus en su álbum "Some Gave All" en el año 1992. Esta canción es interesante para tocar. Utiliza los acordes A y E.

- **increíble gracia – Chris Tomlin**

Increíble gracia es una gran canción para aprender en el ukelele. Fue interpretado en 1779 y ha sido realizado varias veces por diferentes músicos. Sus acordes son C, F G7, Am.

- **Budapest – George Ezra**

Fue lanzado en 2013 en el álbum de George Ezra, "¿oíste la lluvia".

Budapest es una canción de amor fácil. Utiliza sólo tres acordes, C, F y A.

- **Clementine – Bing Crosby**

Esta canción fue lanzada en 1941 en el álbum 'twilight on the trail'. Clementine es una vieja balada estadounidense que se cree que fue lanzada inicialmente por Percy Montrose en 1884. Hace uso de sólo tres acordes; G, D7 y C.

- **Feliz – Pharell Williams**

Happy fue lanzado en 2013 en el álbum de Pharell "Girl". Esta canción divertida y optimista es una canción fácil en el ukelele. Los acordes utilizados son E7, Bm7 y C.

- **Brown-Eyed Girl – Van Morrison**

Esta canción de rock clásico fue lanzada en 1967 en el álbum "brown-eyed girl". Utiliza cinco acordes G, C, D, D7 y Em.

- **Luciérnagas – Búho City**

Fireflies fue lanzado en 2009 en el álbum "ocean eyes". Hace uso de cinco acordes; G, C, F, Am y Em. Aunque esta canción podría ser un reto, sigue siendo fácil de tocar.

- **desayuno en Tiffany's – Deep Blue Something**

Fue lanzado en 1994 en el álbum "undécima canción". Esta canción se inspiró en la película Roman Holiday. Los acordes utilizados fueron; D, G y A.

- **Dolor de Corazón – Un Groove**

Esta canción fue lanzada en 2005 en el álbum "make your move". Es una canción bastante fácil de aprender, ya que los acordes están en un patrón de acordes repetitiva. Los acordes son C, F y G.

Otros son,

- **Let it Be – The Beatles (C, Am, F, G)**

No hay duda de que los Beatles son un nombre familiar en el Reino Unido. Probablemente también los amas. Una de las mejores canciones que son memorables será "Déjalo ser". Si te gusta esta canción y te encantará cantarla, imagínate cantarla con tu ukelele. Será mágico. Pruébalo uno de estos días. Sería divertido.

- **All Along the Watchtower – Bob Dylan/Jimi Hendrix (Am, G y F)**

- **contar estrellas – Una república (Am, C, G y F)**

- **todavía no he encontrado lo que estoy buscando - U2 (C, F, y G)**

- **Riptide – Vance Joy (Am, C, G y F)**

- **Down on the Corner – Credence Clearwater Revival (C, F y G)**

- **Silbato – Flo Rida (Am, F, C y G)**

- **alguien como tú – Adele (C, G, Am y F)**

Ahora, si hay alguna canción que fuera popular, tenía que ser alguien como tú. Si eres un gran fan de Adele, entonces seguramente estarás emocionado por cantar esta canción. Desafortunadamente para ti, ahora es posible que cantes con un ukelele. Hay tanto que se puede hacer con el ukelele. Entonces, ¿

por qué no empezar desde hoy y probar sus manos en esta canción? Confía en mí; seguramente disfrutarás de cada momento.

- **One Love – Bob Marley (C, F, G y Am)**

Un amor, que fue cantado por Bob Marley, es una de las canciones clásicas más populares a lo largo de la cuadra. También se considera que es el comienzo de todo afro-beats y uno de los mejores cantantes jamaiquinos. Si encuentras sus canciones realmente atractivas o tus culturas son increíblemente similares, entonces sin duda te divertirás haciendo esto. Entonces, ¿por qué no encender el espíritu de Bob Marley hoy con tu ukelele?

- **todas las estrellas – Ed Sheeran (F, C, Am y G)**

No cabe duda de que uno de los músicos más populares de nuestro tiempo será Ed Sheeran. Ha cantado tantas canciones que han terminado siendo las favoritas de los fans. Uno de ellos "Todas las Estrellas". Si estás buscando una gran canción que tenga algunos rastros de romance o si estás tratando de sentirte cómodo con la chica de tus sueños, esta es la canción correcta para aprender.

Lo bueno de Ed Sheeran es que también hay otras canciones, que puedes probar. Repasa su álbum y familiarízate con lo que tiene para ofrecer. Seguramente será una búsqueda gratificante.

- **cuatro cinco segundos – Rihanna (C, F, Am y G)**

- **Quédate conmigo – Sam Smith (Am, F, C y G)**

¡Otra canción directamente de Inglaterra! Otra canción conmovedora de un gran cantante. Afortunadamente para nosotros, también es una canción que se sienta bastante bien con el ukelele. Si eres un gran fan de Sam Smith, entonces seguramente disfrutarás practicando con tu ukelele. Tal vez podrías ser considerado como el próximo Sam Smith. Todo lo que se necesita es un poco de práctica. Sal ahí fuera hazlo.

- **pequeñas charlas – De monstruos y hombres (Am, F, C y G)**

- **Blowin' in the Wind – Bob Dylan (C, F, G)**

- **Vino Tinto – UB40 (C, F, G)**

- **un día – Matisyahu (C, G, Am, F)**

- **Stand By Me – Ben E. King (C, am, F, G o G7)**

Otra gran canción que se sentará bien con el ukelele estará a mi lado, que fue cantado por Ben E. King. Esta canción es bastante popular, y es muy probable que ya la hayas escuchado. Otra cosa buena de esta canción es que ha sido cantada por otros artistas. Por lo tanto, usted tiene una gran cantidad de variantes, que se puede elegir felizmente. Así que asegúrese de que usted tiene un poco de diversión en el proceso.

Generalmente, cuando se reproducen canciones de ukelele, es más fácil reproducir canciones de ukelele fáciles que tienen acordes C, G, Am y F. Hemos discutido algunas canciones, que serán importantes en su búsqueda para construirse en el arte de tocar el ukelele. ¿Aún no te sientes cómodo cantando? Tenemos el tratamiento adecuado para usted.

Consejos sobre el aprendizaje de canciones

Las canciones pueden ser bastante complicadas. Es posible que sientas que conoces el ritmo adecuado para ellos o dónde caen los elementos. Sin embargo, podría estar bastante equivocado. Este es sólo uno de los muchos temores que la gente tiene acerca de aprender canciones. Esto es lo mismo cuando se trata de un ukelele. Por lo tanto, es posible que necesite según la orientación que tenga que aprender sus canciones en el ukelele. ¿Estás en esta situación?

Si lo está, déjenos ver cómo podemos ayudarle a resolver su situación.

Hay diferentes maneras de aprender una canción en tu ukelele. Hay una gran cantidad de instrumentos musicales que requieren que aprendas mucho, pero aquí tienes que prestar atención a acordes y progresión de acordes, patrones de rasgueo, y así sucesivamente.

La mayoría de la buena música van con palabras o sin ella. Cualquiera que sea la elección, es importante saber cuál es la música que desea tocar en su ukelele es todo eso y más. Hay un montón de canciones por ahí que van perfectamente bien con su ukelele, y es por eso que es importante saber cómo practicar su canción con el fin de ofrecer la mejor interpretación.

Hay muchas maneras de aprender a tocar, pero nunca debes olvidar aprender a afinar tus cuerdas para ser muy compatible con tus canciones. De esta manera, toda tu práctica no va en vano, y sabes qué hacer y exactamente cuándo hacerlo. Practicar es otra parte muy importante del aprendizaje de una canción en un ukelele. Incluso si una canción puede parecer difícil de aprender al principio y comienzas a tener dudas, es posible que quieras probar los pasos para aprender y también practicar todo lo que puedas, y al final saldrá bien.

¿Cuáles son los consejos para aprender canciones en un ukelele?

1. Escuche la canción tanto como sea posible

Al aprender una canción, desea tocar en un instrumento musical; tendrás que escuchar la canción tanto como sea posible. Al hacer esto, es importante centrarse en el rasgueo y las progresiones de acordes, así como el ritmo.

Al escuchar la canción también, es importante escuchar y enfocarse en un elemento de la canción a la vez, para que no se confunda. Si hay voces adjuntas a la canción, es posible que desee que se elimine antes de comenzar a aprender físicamente o en sus pensamientos.

La forma de la melodía es también otra cosa importante para comprobar los trajes y también el orden de los versos, interludios, puentes, etc. Cómo los acordes se mueven bajo solo y si las otras partes del cono de la canción con una progresión como el coro de hay cambios clave o diferentes cosas únicas que debe tener en cuenta.

Si, como persona ocupada, no tienes exactamente tiempo para sentarte y escuchar canciones para encontrar lo que puedes usar para mejorar tu reproducción, siempre puedes escucharla cuando estás realizando una actividad como hacer ejercicio, leer etcetera. Encontrar una actividad, está seguro de que la música no afectará es una buena manera de empezar. Todo lo que tienes que hacer es asegurarte de escuchar la canción tanto como sea posible, y ninguna progresión o ken te sorprende cada vez que escuchas la canción.

2. Comience a tocar los acordes
Cuando has escuchado una canción mucho, es hora de empezar a practicar los acordes tocando el ukelele. Las canciones generalmente se dividen en partes ya que hay introducciones, versos, coros, solo, outro, etc. Es aconsejable no tocar todo al mismo tiempo porque mucha gente comete ese error y termina tocando una melodía hasta el final.

Es por eso que lo mejor es aprender un poco a la vez y dominar cada parte a su propio ritmo antes de decidirtocar al siguiente. Así que divide una canción y tóla de acuerdo a tu división para dominarla correctamente. Con este estilo, con cada sesión de práctica, habrás aprendido una sesión.

Puedes practicar la música de todos modos. Podría ser de oído o de pestañas. Sin embargo, usted debe saber que hay un montón de pestañas inexactas en Internet, y lo mejor es escuchar la canción y escuchar a sí mismo tocar. Puede ser más difícil al principio ser mucho más fácil a medida que practicas.

3. Siente la canción
No hay nada mejor que escuchar música. Tiene una forma de invocar emociones en nosotros que probablemente nunca supimos que teníamos. Debido a la música, nuestras vidas podrían cambiar para siempre.

La música, como dicen, es un lenguaje universal y puede ser nuestro impulso para muchas cosas. Es por eso que lo escuchamos mientras hacemos muchas cosas, desde cocinar, hasta limpiar, incluso leer. Hay mucho poder asociado con la música, y se puede aprovechar ese poder de la mejor manera posible. Todo lo que necesitas hacer es dejar que la música venga a ti y sentirla completamente. Una cosa es saber tocar el coro, versos, acordes, etc. e incluso poder tocarlo en un tempo bastante razonable, pero ahora necesitas cerrar los ojos y escuchar la canción de nuevo.

Lo que sea que sientas cuando haces esto va un largo camino en determinar el tipo de canciones que cantas y expresas. Cuando tocas una canción, necesitas ser uno con ella para que suene bien y expresivo como sea posible.

Cuando cierras los ojos y sientes la música en tu corazón y alma, hace que afinar tu instrumento sea mucho más fácil, y le da a las canciones una sensación bastante distintiva. Aunque es una actividad añadida a su sesión de práctica, vale la pena al final.

Sabrás dónde añadir un elemento de la forma más natural posible y comenzar tu profesión para conseguir tu sintonía.

Además, cuando practiques el ukelele, mira hacia otro lado y escucha con cuidado los oídos. Esto le ayuda a identificar cualquier cosa que está tocando mal, como la melodía, cambio en acordes, etc. esto resultará mucho más útil a largo plazo. Usted se encontrará aprendiendo mejor y más rápido.

4. Visualízate a ti mismo tocando la canción
Lo siguiente que debes hacer es imaginarte sosteniendo tu uke y tocando la canción de tu elección. Trate de imaginarse a sí mismo a medida que toca las melodías todo el camino a través, y perfectamente en eso. Imagina tus dedos en el diapasón y tocas los acordes. Imagínate los sonidos que salen de tu ukelele y lo bien que te hacen sentir. Incluso puedes cantar la melodía tú mismo, y no tienes que preocuparte por tu voz si sientes que no es lo suficientemente bueno. Eso no importa.

También puede mantener su ukelele mientras cierra los ojos y zumbido a la melodía y la melodía de cualquier canción que desee reproducir. Es una manera de entrar en el momento y también encontrar melodías y acordes ocultos que probablemente no sabías que existían. Todo el mundo en el mundo del espectáculo siempre se imagina jugando y cómo es muy probable que el público reaccione a una situación, y tú también deberías hacerlo.

5. Pruebe Algo nuevo

Nadie morirá porque probaron algo nuevo. De hecho, a menudo se dice que probar cosas nuevas es una de las mejores maneras de asegurarse de que sigas viviendo felizmente. Con su ukelele, las oportunidades de probar cosas nuevas son sólo numerosas. Uno de ellos estará probando varias canciones nuevas. Es bueno que haya tantas canciones producidas todos los días.

Usted puede elegir para reproducir la diferencia clave para ver cómo va y lo que suena. Esto podría no funcionar para todas las canciones, especialmente cuando las cuerdas abiertas están presentes, pero es una buena manera de experimentar y probar algo nuevo y también lo bien que conoces una canción. Es una buena habilidad saber para cualquier músico, instrumentista y vocalista por igual.

Cuando haces esto, das la impresión de que sabes lo que estás haciendo, y también ayuda a construir tu confianza en tocar para mucha gente. La clave, sin embargo, es asegurarse de que no sólo mantiene su confianza, sino que se asegura de que está respaldado por un trabajo duro.

6. Juega para tu familia o amigos

Como dice el refrán, si hay alguien en esta tierra que usted esperará estar con usted durante cualquier forma de prueba, será su familia. Otro conjunto de personas con las que estás muy cerca serán tus amigos. Estas dos personas pueden ser una forma real de probarse a sí mismo en nuevas canciones.

Puedes elegir interpretar una canción completa delante de tus amigos y familiares. Teniendo en cuenta que estarás mucho más a gusto con ellos, juega y deja que te digan lo que piensan.

Si sigues siendo demasiado tímido o no tienes a nadie con quien tocar, siempre puedes grabar un video de ti mismo mientras reproduces la canción en el ukelele y la escuchas después. Hace que sea mucho más fácil para usted calificar su rendimiento y conocer sus áreas de mejora. Asegúrate de escuchar desde un punto de vista imparcial, y siempre puedes interpretar las canciones para cualquiera que esté dispuesto a escuchar y darte críticas constructivas.

Qué debe saber

Usted debe saber que cualquier forma que elija para aprender sus canciones debe ser uno compatible con su estilo de vida. No debes abrumarte a ti mismo mientras juegas, sino que, en cambio, tómate tu tiempo y juega todo lo que puedas. Nunca debe sin olvidar practicar tanto como sea posible porque puede ir un largo camino en la forma de usted mejor y la comprensión de las canciones para tocar casi en cualquier lugar que se encuentra.

Aprender canciones en el ukelele puede ser muy divertido, y tocar para otros o incluso para ti mismo en un mal día no es una mala idea. Con estos pocos pasos, encabezar su juego de ukelele será muy fácil, y se puede reproducir cualquier canción dada a usted y tal vez dispositivo una manera de reproducir más canciones en este instrumento musical. Así que agarra tu ukelele e ir a encontrar la canción perfecta para su estado de ánimo o su sensación hoy y empezar a practicar tanto como sea posible.

Conclusión

Hay tantas canciones que puedes cantar con tu ukelele, y todo lo que necesitas es determinación y práctica. Hay un montón de razones para dar a las canciones de aprendizaje una oportunidad en su ukelele. Una de las razones es porque tocar el ukelele te ayuda con la coordinación.

Debido a que las cuerdas de un ukelele es muy bien, usted necesitará saber lo que está haciendo y huevo que está arrancando para hacer una nota correcta y reproducir la canción adecuada. Además, habrá un gran intercambio de información de su cerebro a sus dedos, que necesitan suceder justo a tiempo con el fin de tocar con precisión. Esta es una de las razones por las que se cree que el ukelele es una gran mejora en la coordinación de la mano y los ojos.

También hay beneficios de conseguir la coordinación correcta, ya que le ayuda en el mundo cotidiano y un campo más atlético. Esto se debe a que generalmente aumenta su tiempo de reacción y le hace mucho más alerta.

Leer canciones y practicarlas mientras tocas el ukelele, que se hace al mismo tiempo, tus dedos se vuelven más rápidos, y tu cerebro se forma para mantenerte tocando las notas correctas. Esto hace que aprender canciones en un ukelele sea mucho más interesante y fascinante.

En caso de que alguna vez sientas que tienes problemas para enfocarte en ciertas cosas, aprender canciones y practicar el ukelele nos una buena manera de mejorar tu concentración.

Si eres una persona que encuentra el enfoque de un desafío y quieres ser capaz de empezar algo, así como terminar esa tarea, aprender canciones en tu ukelele es suficiente para cambiar eso. Tocar el ukelele te hace más concentrado, y construyes mejores habilidades de concentración sin tener que preocuparte por distraerte, lo que en última instancia puede conducir a la frustración.

Así que si usted está buscando para mejorar su concentración y sus habilidades generales de ukelele, tocar el instrumento y aprender de lo que se trata es una de las mejores maneras de hacerlo.

Esto tiene que ver con el hecho de que tocar un instrumento necesita mucho enfoque y compromiso. Necesitas prestar atención indivisa a ciertas cosas como el tono, el tempo, el ritmo y mucho más. Pequeñas distracciones pueden disminuir completamente la calidad de su juego.

Incluso si tienes un show para asistir o personas para tocar, dalo todo cuando estés aprendiendo una canción en el ukelele o cualquier instrumento con el que estés practicando y obsérvalo prosperar.

Capítulo 6

Obtención de Experiencia Práctica

Ha sido un viaje brillante hasta donde hemos aprendido mucho sobre este instrumento. El último capítulo nos vio aprender varias canciones que podemos aprender a cantar con un ukelele, y no hay duda de que probablemente te tomes tiempo para ganar experiencia practicando estas canciones.

Hablando de la experiencia, ahora es el momento de dar un paso adelante. Usted ha aprendido de los acordes y todas las demás cosas que necesitará saber como un principiante. Ahora, es hora de que usted obtenga la experiencia necesaria, que le ayudará a obtener una mano sobre todo Ukelele. Si usted está buscando una manera de ganar experiencia, entonces usted está en el lugar correcto. Este capítulo le llevará a través de las diversas maneras en que usted puede ganar experiencia tocando este instrumento.

Pero no tan rápido. Antes de que nos pongamos al día, veamos primero por qué hay una necesidad de ganar más experiencia de la que ya tiene ahora. Saber eso reforzará tu deseo de ser experto en tocar el ukelele. Estos son algunos de los puntos más destacados de los que puedetomar nota de.

Aprender una habilidad

La verdad es que tocar el ukelele no te llega al nacer. Es una habilidad que debe aprenderse y aprovecharse. Ahora, la única manera de aprender y aprovechar esta habilidad es adquiriendo experiencia práctica.

Es importante darse cuenta de que obtener experiencia práctica no se limita sólo a ganar no se trata sólo de practicar. Sólo practicar probablemente te verá perfeccionar una canción pero no perfeccionar tus habilidades. Por lo tanto, es bastante necesario que se asegure de que se toma su tiempo para aprender y adquirir experiencia. Hacer eso asegurará que usted hace verdadero el progreso con la reproducción del ukelele.

Transferencia de habilidades

No se cuestiona que una de las cosas peculiares del ukelele es que es muy similar a la guitarra. Por lo tanto, aprender el ukelele aumentará su capacidad de aprender la guitarra en tiempo récord.

Adquirir experiencia práctica garantizará que no solo tengas un conocimiento completo de cómo tocar este instrumento, sino que también tengas una base para tocar instrumentos similares. Si usted es alguien que está en juego un montón de instrumentos, no puede haber duda de que esta es una ventaja muy grande. Entonces, ¿por qué no aprender Ukelele y cosechar los beneficios?

Comunidad

La verdad es que el número de personas que realmente pueden tocar este instrumento está en aumento. Por lo tanto, una comunidad se está formando lentamente. Aprender y entender este instrumento le dará la oportunidad de ser parte de una comunidad fascinada con este instrumento.

Sin embargo, adquirir experiencia práctica llevará su posición en esta comunidad a la de experto. Podrás enseñar a los demás lo que sabes y conectar con personas que comparten las mismas opciones y metas musicales. Obtener experiencia de práctica te llevará a una experiencia completamente nueva. Uno que nunca habrás imaginado.

Las canciones son más fáciles de tocar

Probablemente aún no lo sepas. Sin embargo, las canciones que se oyen tocando maravillosamente bien en otros instrumentos como la guitarra en realidad sonarán mucho mejor en el ukelele. ¡Probablemente nunca lo sabrías si no intentas tocar en primer lugar!

Sin embargo, adquirir experiencia práctica le ayudará a apreciar realmente lo que representa y las cosas que puede hacer con este instrumento. Usted será capaz de reproducir canciones con facilidad, y quién sabe? Podrías incluso enseñar a otros en el camino. ¡Eso es fantástico!

Barato

La verdad es que apenas hay razón por la que no tengas que tocar el ukelele. Todo lo que necesita para convertirse en un experto en este instrumento ya está configurado. Una de las cosas principales seguramente será la asequibilidad.

Tener un presupuesto en este mundo es cada vez más difícil. Hay tantos gadgets y cosas que conseguir. Los precios tampoco ayudan. Sin embargo, con el ukelele, se obtiene un instrumento musical que es asequible y proporciona una buena relación calidad-precio para su dinero.

Para entender lo asequible que es el ukelele, una comparación con la guitarra pondrá esto en perspectiva. Una guitarra probablemente le costará alrededor de $500 si usted está buscando una buena calidad que tiene precios moderados. Sin embargo, los precios más altos para el ukelele se detendrán en alrededor de $300. Ir por un teclado o piano le costará más de alrededor de $1000. Obtener experiencia práctica te asegurará que aprendas a tocar un instrumento musical mientras ahorras algunos valiosos dólares para su uso futuro. Es claramente una situación de ganar-ganar.

Mientras que el ukelele es bastante más barato que el resto, siempre es importante tener en cuenta que algunos precios del ukelele podrían servir realmente como una bandera roja. Asegúrese de alejarse de todos los productos, que tienen precios ridículamente bajos para la venta de ukelele. Al hacerlo, se asegura de mantenerse en el camino para obtener lo mejor a precios cómodos.

Aprendes un ángulo diferente a la música pop

Por sentado, el ukelele está ganando ritmo y pronto podría ser bien conocido, al igual que la guitarra. Sin embargo, actualmente, no es muy común y, como tal, mantiene su estatus único. El paisaje pop, en este punto, está orientado hacia instrumentos más populares. Por lo tanto, la inclusión del ukelele dará un sonido agradable diferente.

La única manera de que realmente se puede lograr esto es cuando usted es un experto o al menos, ganó la experiencia necesaria jugando el ukelele. Tener esto aumentará sus posibilidades de hacer un impacto en la industria del pop.

Mejores resultados en la composición de canciones

Aprender ukelele como principiante asegurará que usted tiene los fundamentos adecuados y los conceptos básicos de lo que necesita para tener éxito. Sin embargo, si usted es un compositor que está buscando ampliar su horizonte, usted va a tener que ir más allá de eso. Tendrás que ganar un poco más de experiencia.

Hay muchas razones por las que el ukelele es un ajuste perfecto. Como se mencionó anteriormente en los párrafos anteriores, es un instrumento bastante fácil de usar. No sólo es bastante fácil de usar, sino que también es muy fácil de llevar. Lleva tus habilidades y resultados de composición al siguiente nivel con ukelele a tu lado.

Diversión y una carrera potencial

Ahora, ¿a quién no le gustará divertirse? Este mundo tiene la capacidad de saciar uno de sus momentos de estrés y alegría. Siempre es agradable hacer algo que amas sinceramente. Si esa cosa es música para ti, entonces aprender el ukelele realmente será muy divertido. Aprender los acordes y las canciones en realidad tendrá una transformación masiva en ti.

Otra opción que aprender el ukelele te da es en realidad más de trabajo que diversión. Podrías dar el siguiente paso en tu carrera. Ya sea tratando de hacerse famoso en la música pop o usando ukelele mientras practicas en tus canciones, encontrarás un verdadero éxito.

¿La llave? Tienes que adquirir experiencia práctica. Confía en mí; usted tendrá un poco de diversión masiva mientras hace esto.

Entretenimiento

Por supuesto, aprender a tocar y ganar experiencia significará que usted puede ser el centro de entretenimiento cuando sus amigos y familiares visitan. No puede haber nada más relajante que tocar el ukelele con todos cerca y acurrucados uno contra el otro.

Ganar experiencia práctica jugando ukelele aprenderá a estrechar lazos y un recuerdo maravilloso que nunca olvidarás.

¡Aquí los tenemos! Desde asequible hasta la capacidad de dar un salto en su carrera, obtener experiencia práctica en el ukelele se asegurará de que tenga una amplia variedad a su alcance. Usted será capaz de divertirse y también llevar su desarrollo más lejos.

Ahora, es hora de considerar realmente las formas en que podemos obtener experiencia práctica. Saber esto será el último clavo para asegurar que tus días aprendiendo ukelele sea más rápido y preciso. Vamos a averiguar qué son, ¿sí?

Principales maneras de adquirir experiencia práctica en Ukelele

Ahora, esta es realmente una de las etapas cruciales en su comprensión del ukelele. Acing esta parte se asegurará de que usted siga mejorando y haciendo el progreso necesario. ¿Estás listo para dar el siguiente paso? Estas son algunas maneras posibles de lograr sus metas;

Práctica

Si bien hemos mencionado que la práctica no es suficiente para transformarte en un experto, seremos imprudentes para no darnos cuenta del papel masivo que la práctica desempeña en el aprendizaje de cualquier cosa.

Mirando la práctica, generalmente, generalmente ayuda al desarrollo. Otra cosa que hace que la práctica sea muy importante es el hecho de que la práctica suele ir de la mano con el trabajo duro. El trabajo duro es importante, ya que reduce las probabilidades de que tenga éxito en una disciplina en particular.

Por lo tanto, asegúrese de practicar y practicar duro. Toma nota de tus errores y trabaja duro para perfeccionarlos. Además, tengo un hábito y una pasión por aprender cosas nuevas. Haz que tu objetivo sea seguir mejorando incluso cuando sientas que has tenido mejoras considerables. No ralentizar es clave para asegurarte de que poco a poco te conviertas en un fantástico jugador de ukelele.

Establecer un objetivo
Probablemente le resultará difícil llegar a cualquier parte de la vida si lo hace tiene metas claras en la vida. Incluso después de tener metas claras, necesitará alguna medida de un plan para alcanzar realmente estas metas. Esto es lo mismo que hay que hacer cuando se trata de adquirir experiencia práctica.

Usted tiene que establecer objetivos claros en donde le gusta estar en los próximos seis meses o un año y trabajar agresivamente para cumplir con su objetivo. Se debe hacer hincapié en no sólo establecer estos objetivos, sino también trabajar duro constantemente para alcanzarlos. ¿Cómo puedes trabajar duro para conocerlos?

Muchas personas han encontrado útil poner una lista de verificación y recordatorios para comprobar su progreso. Tener una buena comprensión de lo que desea lograr y mostrar determinación para lograrlo conducirá al éxito.

Aprender nuevas técnicas
Ahora, la probabilidad de que probablemente desarrolles una técnica que funciona para ti a mitad de este libro está ahí. Incluso podría ser después. Con esta nueva elevación, podrías relajarte y sentir que has aprendido lo suficiente. Sin embargo, hay una necesidad de que usted presione.

Una de las señas de identidad para lograr experiencia práctica será aprender nuevas técnicas. Afortunadamente, tenemos tantas técnicas nuevas apareciendo cuando se trata de tocar el ukelele, y aún mejor, estas técnicas están disponibles para que todos aprendan. Una de las técnicas, que usted podría encontrar útil, será el martillo de garra. Tome medidas para aprender este estilo, y aún más. El tiempo es todo lo que necesitas para convertirte en un profesional en todos los sentidos de la palabra.

Aprender géneros
La música, por su propia naturaleza, es diversa. Tienes pop, ritmos afro, pop de moda, y muchos más géneros. Lo fantástico y único es que no hay límite a lo que se puede encontrar mientras explora los contornos de la música. Esta es una habilidad brillante que se puede utilizar al aprender a tocar el ukelele.

Hay tantos géneros que puedes probar con tu ukelele. Obtener experiencia práctica significa que tienes que esforzarte para aprender mucho más de lo que sabías como principiante.

Hay más de una ventaja a la hora de aprender nuevos géneros. Debido a que las habilidades que aprendes mientras tocas el ukelele se pueden transferir a otros instrumentos como la guitarra, también significa que tendrás suficiente experiencia para asumir los mismos géneros al tocar el mismo instrumento musical. Así que piénsalo y probablemente añádelo a tus planes. Es bastante efectivo, por decir lo menos.

Practicar con un metrónomo o temporizador

Lo más probable es que, como principiante, te hayas puesto en su lugar para tocar algunas canciones cómodamente. Sin embargo, si desea ser un experto, tendrá que llevarlo a un nivel completamente nuevo. Esto se puede lograr mediante el uso de un metrónomo o un temporizador. El objetivo es asegurarse de que usted juega una canción manteniendo el tiempo que desee. Esto puede tener varias implicaciones.

La primera es que casi se volverá más fluido en la interpretación del instrumento. Si estás practicando una nueva canción, podrás reproducirla de forma efectiva y mucho más. Así que una de las claves para obtener esa experiencia que desea tener será practicar con un temporizador

No hay duda de que una de las razones por las que probablemente escuchó y sabía sobre el ukelele es debido a Internet. Probablemente también encontraste este libro en Internet. Internet seguramente ha explotado la popularidad del ukelele. Por lo tanto, Internet es también el lugar natural para aprender más sobre el ukelele. Puedes aprender sobre ello de diferentes maneras. Vamos a considerar algunos de ellos;

Libros electrónicos: Hay una gran cantidad de libros electrónicos por ahí que enseñan a las personas de métodos de aprendizaje avanzados y otros consejos importantes que necesita para aprender ukelele correctamente. ¿Tiene dificultadpara encontrar estos libros? Algunos de los mejores lugares para conseguirlos serán Amazon y

Shopify. Otros sitios de comercio electrónico también serán varias vías para aprender más sobre el ukelele. El conocimiento es siempre un ingrediente importante para adquirir experiencia práctica.

Videos: Así como el conocimiento es el comienzo y un ingrediente importante para obtener experiencia práctica, los videos son las herramientas para asegurarse de que usted tiene una gran comprensión de la aplicación de sus conocimientos. Afortunadamente, hay muchos expertos en tocar los instrumentos que están dispuestos a ayudarle a dominar el arte de tocar. Una de las formas de obtener estos videos de eBay será invitar a YouTube. Hay una amplia gama de videos que estarán disponibles.

También puede encontrar otros videos en cursos que se toman en plataformas como Udemy y Skillshare. Cuantos más videos tomes, más probabilidades tendrás de aumentar tu experiencia en la reproducción del ukelele.

Foros: otra gran manera de aumentar su conocimiento del ukelele y convertirse en un profesional es a través de foros. Una vez hablamos de una población de rápido crecimiento de jugadores de ukelele. Esta comunidad está en foros y varias plataformas en Internet. Si usted está buscando una manera rápida y fácil de aprender más sobre el ukelele, entonces usted probablemente debe echar un vistazo a los foros. Esto asegurará que usted tenga una sesión interactiva con personas que tienen una experiencia vital. ¡Pero ten cuidado! No toda la información que se obtiene en este tipo de plataformas conduce a la dirección correcta.

Ajusta tus patrones

No hay duda de que todo el mundo tiene un ajuste de acorde particular, que se sienten que se ajusta a su música tocada en el uke más. Por ejemplo, es posible que seas alguien a quien le encanta tocar la G baja en lugar de la G alta, podría ser bastante difícil cambiar tu estilo. Sin embargo, la verdad es que cambiar tu estilo asegurará que obtengas una calidad interesante. Eso es adaptabilidad. Así que si quieres dar el siguiente paso, ¿por qué no tratar de tocar el ukelele en un acorde diferente. Tal vez incluso podría empezar por tocar el High G en lugar de la G baja.

Otra manera de ajustar sus patrones será aprendiendo sus acordes de una manera diferente. Esto a menudo se llama inversiones de acordes. Al hacer esto, el resultado será su desarrollo en un jugador de ukelele versátil y alguien que ha adquirido experiencia significativa en el proceso.

Obtener experiencia práctica implica difundir tus horizontes, y no hay nada más efectivo que ajustar tus patrones de vez en cuando. Pequeñas gotas de agua conforman un océano poderoso. Te sorprendería lo mucho que puede pasar cuando pones los esfuerzos.

Aprender las canciones

Cuando hablamos de aprender la canción, va más allá de mirar la pestaña. Se trata de reducir la cantidad de contacto visual, que tienes con él y aprender canciones, tocadas en el ukelele a través del uso de tus oídos. Esto hace mucho por ti a largo plazo. Para ilustrar, uno de los mejores pianistas del mundo es sin duda Steven Wonder.

Lo sorprendente de esto es que nunca ha mirado las tablas de piano antes porque es ciego. Del mismo modo, tratar de reducir el contacto visual te hará un mejor profesional de tus llaves que cuando lees la dependencia de la canción en tus ojos.

Otra forma de probar la cantidad de canciones que realmente conoces es cambiando las canciones. ¿Cómo puedes lograrlo?

Puede cambiar sus canciones a través del proceso de selección de dedos o rasgueo. Ambos métodos resultarán ser muy eficaces, de hecho. Así que la próxima vez que estés tratando de tocar en un ukelele, trata de asegurarte de que escuchas más de las canciones que realmente verlas. Estarías encantado con la cantidad de progreso, que harás en poco tiempo.

Tomar cursos

Mientras que el mundo se está moviendo en la etapa de bricolaje (Hazlo tú mismo), hay algunas personas que simplemente prefieren que se les enseñen las cosas que necesitan hacer. Si usted es uno de ellos y usted está tratando de aprender a tocar el ukelele, entonces hay esperanza para usted. Hoy en día, hay muchos cursos que enseñan a tocar el ukelele. Estas son algunas de las ventajas de tomar un curso de ukelele;

- Simplicidad: la mayoría de los cursos, que se pueden tomar, siguen un plan sencillo y una forma aún más sencilla de estudiar. Usted será capaz de aprender la mayoría de las partes del ukelele de una manera más simple que usted entenderá y comprenderá.

- Aprende a tu propio ritmo: si eres una persona ocupada, puedes aprender a tu ritmo. La mayoría de los cursos, que se pueden tomar en línea, en realidad no están estructurados en un tipo de experiencia de aprendizaje en el aula. Usted puede ser capaz de elegir cuándo y dónde desea aprender.

- Ayudas visuales: la presencia de ayudas visuales también es una ventaja. Anteriormente en este capítulo, mencionamos cómo plataformas como Udemy y Skillshare serían los lugares perfectos para ver videos. También son los lugares perfectos para comenzar cuando se busca un curso sobre el ukelele.

Obtener un socio

Hay un dicho que dice que cuantas más cabezas estén involucradas en cualquier cosa, más probable es que siempre se tome la mejor decisión. Este dicho también podría aplicarse en el caso del ukelele. Usted podría ganar algo de experiencia cuando usted tiene un compañero jugando con usted regularmente. Hay un par de razones por las que esto tiene sentido.

Una razón es que tocar con otra persona asegurará que aprendas un montón de habilidades y trucos, que seguramente resultarán ser útiles. Otra razón es que con alguien a tu lado, podrás mejorar tu arreglo al tocar. ¿Aún no has encontrado a nadie? Puede resolver este problema buscando clubes de ukelele alrededor de su área. Alguien definitivamente estará interesado en algún tipo de colaboración.

Al elegir un compañero, siempre es importante asegurarse de que usted elige un compañero que tiene más experiencia que usted y que realmente será capaz de tener un efecto positivo en su conjunto de habilidades para el ukelele. Eso servirá como un impulso masivo para sus metas.

Relájese y reduzca la presión
Es normal que cuando los humanos buscan ser mejores en algo, tienden a ejercer mucha presión sobre sí mismos. Piensa en la facultad de medicina o en la facultad de derecho. La cantidad de presión que tienes puede ser algo bueno a veces, ya que puede estimularte a la grandeza. Otras veces, sin embargo, puede conducir a una gran cantidad de complicaciones y errores. Nuestro mejor consejo para usted es relajarse. A veces, en otros para progresar, se necesita un poco de calma. Los mejores profesionales siempre encuentran una manera de distanciarse de la multitud de tiro a su alrededor, mientras que otros encuentran una manera de abrazar. La verdad es que probablemente vas a cometer errores. Muchos errores. Cuanto antes aceptes esto, mejor. Tienes que estar seguro de que estás listo para enfrentar la música y aprender en el proceso. La mayoría de las veces, la forma en que reaccionas a tus errores decidirá hasta dónde puedes llegar para alcanzar tus sueños.

Si te sientes presionado y ansioso, podría ser mejor tomar un descanso de tocar para mejorar y lo divertido que es. A veces, todo lo que tenemos que hacer es averiguar cómo divertirnos de nuevo y ver cómo nuestras vidas vuelven a la vida.

Elige una rutina

Sí, el objetivo siempre es practicar y mejorar. Sin embargo, tocar durante largas horas un día y no tocar durante las próximas dos semanas no sólo va a hacer. Tienes que establecer una muy buena rutina. Esto significa que practicar durante 30 minutos al día producirá resultados mucho mejores que practicar una o dos veces en dos semanas durante largas horas.

Sin embargo, establecer una rutina cuando estás trabajando puede ser bastante difícil de hacer. Si realmente estás interesado en crecer con tu uke, entonces será el momento de que hagas el sacrificio. Para ello, puedes encontrar los momentos en los que estarás menos ocupado y tratarás de exprimir algunos minutos. Esos minutos son bastante preciosos y demuestran ser el decisor al final del día.

Eliminar las distracciones

Es muy curioso que en un mundo que está muy ocupado y siempre en movimiento, las distracciones también están en un alto. Si desea distraerse, hay muchas maneras de hacerlo. No me malinterpretes. Hay una necesidad de distraerse de los obstáculos de la vida de vez en cuando. Sin embargo, también hay sabiduría en saber dónde trazar la línea.

Cuando llegue el momento de practicar, debes asegurarte de que tienes poca o ninguna distracción. Las formas fáciles de distracciones incluirán su teléfono o cualquier cosa, que está conectado a las redes sociales y el mundo. Asegúrate de tomar el control firme de tu vida, al menos durante ese período. Asegúrate de que lo único que ves en ese momento es tu ukelele.

Recompénsese de vez en cuando

Por último, es muy importante que te tomes el tiempo para recompensarte de vez en cuando. Hay muchas maneras en las que puede hacer esto. Sin embargo, asegúrese de que su recompensa no es algo, lo que pondrá toda la práctica, que ha hecho inútil. Si estás buscando recompensas, lo que puede llevar a un desarrollo aún mayor, puedes tomarte un tiempo para visitar festivales que se centran en tratar de promover el ukelele. Hacerlo se asegurará de que esté listo para volver a actualizarse y ganar otro premio. Nunca puedes equivocarte con esta estrategia.

Estos consejos para obtener experiencia práctica siempre se verán en la luz positiva. Han ayudado a muchas personas a ganar experiencia vital en el juego del ukelele, y también pueden ayudarte. Así que asegúrese de aplicarlos y ver su desarrollo dispararse en algo increíble.

Conclusión

Ha sido una explosión, ¿no? Hemos aprendido mucho de este capítulo, y sólo encaja que nos tomemos nuestro tiempo para pasar por lo que hemos podido conseguir. Aquí hay un resumen rápido de todo lo que hemos discutido anteriormente en puntos de bala fáciles de recordar

- Tenemos muchas razones para realmente querer ganar experiencia práctica en el arte de tocar el ukelele. Es fácil de tocar, barato en comparación con otros instrumentos musicales y en realidad puede ser divertido. También es un favorito con los niños y puede ser bastante entretenido cuando tienes familiares y amigos alrededor.

- Si usted está interesado en adquirir experiencias prácticas, hay muchas maneras de lograr esto. Podrías tomar cursos en línea, ver videos, asistir a festivales y encontrar pareja en un club local, y mucho más. Por supuesto, también es importante que no se olvide de practicar. Cuando su práctica y combinar todos estos otros métodos, entonces usted estará en el camino del desarrollo.

Por supuesto, ganar experiencia no se puede hacer en un día. Sin embargo, estamos seguros de que si usted pone en el esfuerzo, usted tendrá una explosión. Hemos aprendido mucho hasta ahora, y estamos casi al final de nuestro viaje. En el siguiente capítulo, veremos cuánto podemos recordar de lo que hemos discutido hasta ahora. ¡Al siguiente capítulo, entonces!

Capítulo 7

Ukelele: El Instrumento de Tus Sueños

El ukelele es probablemente uno de los mejores instrumentos para empezar a aprender, y si usted es entusiasta del ukelele, entonces usted está en el camino correcto. Si usted está en busca de un instrumento musical que es accesible, tranquilo, y fácil de aprender, entonces definitivamente debe obtener un ukelele y comenzar a practicar hoy. Este instrumento es amigable tanto para la gente musical, y también ofrece una gran cantidad de beneficios tanto para los niños como para los ancianos. Así que si usted está interesado en el uke o es un principiante en tocar el instrumento, usted está en el camino correcto.

Muchas canciones que son muy populares en todo el mundo, desde el pop hasta el jazz y así sucesivamente, se pueden tocar fácilmente con el ukelele, e incluso las canciones con acordes más desafiantes pueden ser muy fáciles una vez que se obtiene el control de él. Hay formas más simplificadas de reproducir ciertas canciones independientemente de lo que necesites para tocar o para quién necesites tocar también. Eso significa que todas las canciones de la cultura pop que te encuentres se pueden adaptar fácilmente a un uke.

Si usted es un aspirante a cantante o un instrumentista que busca el instrumento adecuado para ir con, este podría ser el mejor para darle acceso a un montón de canciones fáciles de tocar y tener bien mientras lo hace. También hay una gran cantidad de materiales de investigación en todo Internet, desde Google a YouTube, y un montón de otras redes sociales donde se puede aprender a reproducir sus canciones favoritas tan fácil como sea posible.

Gracias a Internet, hay un montón de personas a tener en cuenta y también una gran cantidad de desafíos virales que pueden aumentar sus habilidades de juego de ukelele. No tienes que pagar una fortuna para conseguir un ukelele o aprender a tocarlo. Todo lo que necesitas es concentrarte y practicar tanto como sea posible. El ukelele trae alegría a mucha gente, y se sabe que son una pieza portátil de alegría.

Incluso las canciones que tienen acordes más complicados se pueden formar y tocar en la construcción más simple del ukelele. A diferencia de otros instrumentos como el piano o las guitarras, que tienen un montón de notas para mantener, el gas ukelele un rango limitado, por lo que es un enfoque más fácil para aprender un instrumento musical. Viene con sólo cuatro cuerdas, y usted no tiene que darse una paliza sobre lo que cada uno hace, ya que es mucho más fácil de aprender.

Desde la introducción del ukelele en Hawái, se convirtió en una sensación nacional, y aunque podría haber tenido períodos que nadie realmente deleitaba con él, debido a su significado y gracia innegable, siempre tuvimos momentos de regreso por los que estábamos agradecidos. Conocido como el instrumento nacional de Hawái como se tocaba para la realeza y la Corte de Reyes hace años, el ukelele ha llegado a ser tocado por jugadores de casi todas partes del mundo y con un entusiasmo innegable.

Básicamente, todo sobre el ukelele lo convierte en uno de los instrumentos más fáciles de tocar. A partir de su peso ligero, pequeño tamaño, y las cuerdas que se presionan fácilmente hacia abajo, es innegable que este instrumento está construido para la satisfacción pura. No hay duda de que si usted está buscando un instrumento de arranque o han comenzado con el ukelele, probablemente va a ser su mejor instrumento por una serie de razones.

Es seguro decir que este instrumento se opera de la misma manera que una gran cantidad de instrumentos de cuerda, y aunque no es el caso, tiene un ligero parecido con la guitarra. Viene con cuerdas de nylon que las hace más fáciles de presionar hacia abajo en comparación con los bajos y las guitarras y las personas que luchan para tocar estos últimos instrumentos pueden encontrar el ukelele muy fácil de tocar a diferencia de los que requieren semanas para desarrollar los conceptos básicos y hacerte r dedos firmes y lo suficientemente fuertes como para presionar las cuerdas con el fin de crear sonidos sin ir agrio.

A diferencia de los demás, aprender a presionar las cuerdas de ukelele es completamente fácil, y no tienes que tomar semanas para practicar con los dedos. Mucha gente aprende a tocar el ukelele razonablemente bien en cuestión de minutos, y eso lo convierte en una de las razones por las que seguramente te encantará este instrumento.

Usted también no tiene que preocuparse por el precio de un ukelele como a diferencia del piano y la guitarra, así como otros instrumentos musicales donde usted tiene que pagar tanto como $500 y tal vez más a diferencia del ukelele, que se puede encontrar muy barato y probablemente no más de $100.

Sin embargo, es importante saber que el ukelele viene en diferentes grados y tipos y puede variar de $70-$300. Pero usted puede encontrar realmente grandes opciones alrededor de un punto medio, que puede servir le casi todos los propósitos de grandes ukuleles sin tener que gastar una fortuna. Es posible que se pregunte por qué son tan baratos, y la razón es que se hacen mucho más pequeños que una guitarra de tamaño medio. Esto significa que hay menos materiales que se utilizan, y el tiempo en hacer uno no será tanto como hacer un instrumento musical más grande. Así que usted está seguro de que un ukelele es un instrumento musical bueno y barato, por lo que si usted está buscando para entrar en la música, es una buena opción.

Aunque no todos están hechos por igual, y lo mejor es comprar el mejor para usted puede permitirse el lujo de prevent de tener que comprar más en el futuro.

El ukelele es una buena manera de mantener la mente tranquila y reducir la presión arterial. También te hace mucho feliz y es conocido como un instrumento romántico. Las formas de acordes son fáciles de tocar y no son completamente difíciles de memorizar debido a la presencia de cuatro cuerdas. Las formas de acordes se suelen tocar con 1 dedo en un Uke, a diferencia de otras que requieren muchos más dedos.

Conclusión

Hay muchas menos opciones de escribir y tocar cuando se trata del ukelele, y aunque eso puede parecer algo terrible, en realidad no lo es. Esto se debe a la teoría que dice que las oportunidades limitadas traen más creatividad en mente y en el cuerpo. Aunque estas limitaciones son vistos como algo terrible, cuando empieces a tocar el ukelele, tendrás más creatividad y dirección en tu música.

Con el ukelele, todo lo que van desde formas de acordes y patrones de tormenta, se hacen mucho más simples, y usted no tiene que estresarse a sí mismo en el aprendizaje de este instrumento, sino tener más diversión. Ningún instrumento musical debe ser aprendido en una situación abrumadora, y el ukelele se asegura de eso. Es una gran manera de dar la bienvenida a los estilos alternativos a su música como compositor.

Otra razón para abrazar el ukelele como un principiante es un sentido de urgencia que los seres que es muy difícil de encontrar cuando se toca un montón de otros instrumentos. El ukelele se hace tan simple que una persona puede escribir una buena canción y tener tiempo suficiente para interpretarla en el escenario esa misma noche.

El ukelele es una gran manera de lograr una buena diversión a la antigua, y teniendo en cuenta el mundo en el que vivimos hoy, puede ayudar a reducir su presión arterial, es saludable para tocar y también es una manera muy barata de ir a la música.

Y por último, un ukelele no tiene que ocupar todo tu tiempo, ya que no necesitas mucha fuerza e intelecto para ser bueno en ello. Es divertido y enfatiza la actividad libre; cada una de todas las edades se lo pasará muy bien jugando. Así que estos son suficientes para convencer a casi cualquier persona para agarrar un ukelele y empezar a rasguear hoy.

Conclusión

Por fin estás aquí. Si has leído todas y cada una de las líneas de este libro, debo decir que bien. Usted habrá tenido una gran dosis de información vital, que será útil en el futuro independientemente de lo que elija hacer con él.

Hay tantas cosas, que pueden venir bien cuando eliges aprender a tocar el ukelele. El cielo es más o menos tu límite. Para aclarar las cosas, veamos si podemos recordar todo lo que hemos hablado;

- Hemos aprendido sobre la historia del ukelele y cómo llegaron a ser populares en el mundo en el que vivimos. Una razón para esto seguirá siendo innegablemente Internet. Con la ayuda de Internet, el ukelele se ha convertido en un éxito sensacional.

- También hemos aprendido de las diversas cosas, que usted necesita hacer cuando usted decide tomar una decisión para aprender los trucos detrás de tocar el ukelele.

- Nuestro siguiente paso será realmente aprender ukelele nosotros mismos. Esto se hizo a medida que avanzamos en un viaje de aprender a sostener el ukelele a aprender cómo encontrar los ritmos correctos al rasgar el ukelele.

- A continuación, aprendimos acerca de las canciones, que se pueden tocar con el ukelele. Esto incluirá algunos muy populares, que tenemos, sin duda es parte de sus listas de reproducción.

- También hemos aprendido de las diversas maneras en que puede seguir adquiriendo experiencia práctica.

Ahora, estamos aquí al final. La pregunta que está en nuestros labios será, ¿y ahora?

La verdad es que una vez que hayas terminado de aprender sobre el ukelele, el siguiente paso para que te asegures de seguir practicando. Además, intenta enseñar a otras personas que también estén interesadas en ello. Aprender sobre el ukelele es una experiencia agradable y una, que nunca debes dudar de contara a los demás.

En cuanto a nosotros, seguiremos esperando que tus habilidades en el juego de ukelele sigan aumentando, y te conviertas en un experto en tiempo récord. Eso es alcanzable.

www.ingramcontent.com/pod-product-compliance
Lightning Source LLC
Chambersburg PA
CBHW071517080526
44588CB00011B/1459